ARDOUIN 1969

LES
TONNES D'OR

PAR

LE VICOMTE PONSON DU TERRAIL

auteur de

La Tour des Gerfauts, les Cavaliers de la Nuit, etc., etc.

III

PARIS

L. DE POTTER, LIBRAIRE-ÉDITEUR

RUE SAINT-JACQUES, 38.

LES
TONNES D'OR

NOUVEAUTÉS EN LECTURE

DANS TOUS LES CABINETS LITTÉRAIRES

Les Amours d'Espérance, par Auguste Maquet, collaborateur d'Alexandre Dumas. 5 vol. in-8.
La Tombe-Issoire, par Élie Berthet. 4 vol. in-8.
Le Comte de Sallenauve, par H. de Balzac. 5 vol. in-8.
Les Amours de Vénus, par Xavier de Montépin. 4 vol. in-8.
La Dernière Favorite, par madame la comtesse Dash. 3 v. in-8.
Robert le Ressuscité, par Molé-Gentilhomme. 4 vol. in-8.
Les Tonnes d'Or, par le vicomte Ponson du Terrail, auteur de la *Tour des Gerfauts*, les *Coulisses du monde*, etc., etc. 3 vol. in-8.
Les Libertins, par Eugène de Mirecourt, auteur des *Confessions de Marion Delorme*, etc., etc. 2 vol. in-8.
La Famille Beauvisage, par H. de Balzac. 4 vol. in-8.
Un Roué du Directoire, par Eugène de Mirecourt. 2 vol. in-8.
Le Député d'Arcis, par H. de Balzac. 4 vol. in-8.
Mercédès, par Madame la comtesse Dash. 3 vol. in-8.
Blanche de Savenières, par Molé-Gentilhomme. 4 vol. in-8.
La Fille de l'Aveugle, par Emmanuel Gonzalès. 3 vol. in-8.
Le Château de La Renardière, par Marie Aycard. 4 vol. in-8.
Les Catacombes de Paris, par Élie Berthet. 4 vol. in-8.
La Tour des Gerfauts, par le vic. Ponson du Terrail. 5 v. in-8.
La Belle Gabrielle, par Auguste Maquet, 5 vol. in-8.
La dernière Fleur d'une Couronne, par madame la comtesse Dash. 3 vol. in-8.
L'Initié, par H. de Balzac. 2 vol. in-8.
Laurence de Montmeylian, par Molé-Gentilhomme. 5 vol. in-8.
Le Garde-chasse, par Élie Berthet. 3 vol. in-8.
Le Beau Laurent, par P. Duplessis, aut. des *Boucaniers*. 4 v. in-8.
La chute de Satan, par Auguste Maquet. 6 vol. in-8.
Rigobert le Rapin, par Charles Deslys, auteur de *Mademoiselle Bouillabaisse*, la *Mère Rainette*, etc., etc. 4 vol. in-8.
Madame de la Chanterie, par H. de Balzac. 1 vol. in-8.
Le Guetteur de Cordouan, par Paul Foucher. 3 vol. in-8.
La Chasse aux Cosaques, par Gabriel Ferry, auteur du *Coureur des Bois*. 5 vol. in-8.
Le Comte de Lavernie, par Auguste Maquet. 4 vol. in-8.
Montbars l'Exterminateur, par Paul Duplessis. 5 vol. in-8.
Un Homme de génie, par madame la comtesse Dash. 3 vol. in-8.
Le Garçon de Banque, par Élie Berthet. 2 vol. in-8.
Les Lorettes vengées, par Henry de Kock. 3 vol. in-8.
Roquevert l'Arquebusier, par Molé-Gentilhomme. 4 vol. in-8.
Mademoiselle Bouillabaisse, par Ch. Deslys. 3 vol. in-8.
Le Chasseur d'Hommes, par Emmanuel Gonzalès. 2 vol. in-8.

Imprimerie de Gustave Gratiot, 30, rue Mazarine.

LES
TONNES D'OR

PAR

LE VICOMTE PONSON DU TERRAIL

auteur de

La Tour des Gerfauts, les Cavaliers de la Nuit, etc., etc.

III

> Avis. — Vu les traités internationaux relatifs à la propriété littéraire, on ne peut réimprimer ni traduire cet ouvrage à l'étranger, sans l'autorisation de l'auteur et de l'éditeur du roman.

PARIS
L. DE POTTER, LIBRAIRE-ÉDITEUR
RUE SAINT-JACQUES, 38.

CHAPITRE DIX-NEUVIÈME

XIX

—

Vous sentez que je ne pus fermer l'œil de la nuit que je passai à méditer un plan de sûre évasion pour la princesse.

Au moment où les premières lueurs

du matin effleuraient les grands arbres de la forêt qui ceignait le château en tous sens, ma porte s'ouvrit, et le serviteur qui m'avait servi de geôlier entra :

— Mon gentilhomme, me dit-il en allemand, persuadé qu'il était que je ne comprenais pas un mot de son idiôme, je vous ai donné l'hospitalité hier, au péril de ma vie, car notre maître est un seigneur d'humeur bizarre et sombre qui ne veut point voir d'étrangers et me tuerait s'il venait à savoir que vous avez mis le pied ici; soyez généreux, partez au plus vite!

— De grand cœur, répondis-je d'un ton léger.

Et je bouclai mon épée et pris mon manteau.

Au seuil du manoir, je lui glissai encore quelques pièces d'or dans la main et me fis indiquer minutieusement mon chemin pour sortir de la forêt et gagner la ville voisine.

La nuit suivante, j'étais sous les murs du château, en compagnie de deux paysans qui n'avaient consenti à me suivre qu'à prix d'or, tant le farouche châtelain inspirait de terreur dans les environs.

Ils tenaient mon cheval en main et nous étions armés jusqu'aux dents.

La nuit était obscure, sans lune, et à peine aperçûmes-nous une faible clarté scintillant au travers des jalousies de la croisée à laquelle, la veille, il m'avait été possible de m'entretenir avec la jeune femme.

Au moment où deux heures sonnaient, cette croisée s'ouvrit et la lueur s'éteignit aussitôt.

Je m'étais muni d'un de ces grands

arcs dont se servent encore les chasseurs des montagnes de la Bulgarie et qui portent une flèche à une distance considérable. Je liai solidement à l'empennure de la flèche le bout d'une échelle de soie et la flèche partit en sifflant et alla s'enfoncer dans le battant de la jalousie.

Elle avait compris, elle s'empara de la flèche qu'elle arracha avec peine, noua solidement l'échelle dont je tenais l'autre bout avec force, et se risqua sur ce pont mouvant avec une hardiesse héroïque.

Deux minutes après elle était dans mes bras.

— Il n'est point revenu, me dit-elle, la chasse l'aura entraîné beaucoup plus loin, mais il peut arriver à l'instant. Oh! fuyons vite!

Je répondis en l'emportant sur ma

selle, je jetai ma bourse aux deux paysans, et j'enfonçai l'éperon aux flancs de mon cheval.

Nous galoppâmes le reste de la nuit, à travers des forêts épaisses, des steppes incultes, des landes inhabitées. Au jour, nous avions fait trente lieues et mon cheval était épuisé.

Alors je lui demandai d'une voix émue :

— Voulez-vous m'épouser?

— Y songez-vous, répondit-elle, pourrez-vous oublier...

— Je ne me souviens de rien, répondis-je ; je vous aime éperdument, je suis riche, seul, indépendant, je vous conduirai à Vienne, à la cour, et tous s'inclineront devant vous.

— Oh! non, me dit-elle, si vous

m'aimez réellement, si mon amour doit être pour vous le bonheur, eh bien! emmenez-moi en un coin quelconque du monde, dans une retraite ignorée où nous vivrons solitaires, heureux, à l'abri des poursuites de ce tigre auquel vous m'avez arraché.

L'effroi qu'elle manifestait était si grand que je cédai à sa prière.

Et puis l'amour enlève parfois au

courage toute sa témérité. Je tremblai pour elle.

Nous laissâmes au revers d'un fossé le pauvre animal qui mourait pour nous de lassitude, et nous gagnâmes à pied un petit bourg hongrois où nous trouvâmes des chevaux de poste.

Huit jours après nous avions atteint la France, elle était devenue ma femme, devant Dieu et sous un nom d'emprunt, j'achetais ce petit castel où commença pour nous une vie enchantée, un bonheur qu'aucun pinceau, aucune langue humaine ne rediront.

Ah! vous ne savez pas quelle poésie enivrante la campagne prête à l'amour? comme on s'aime sous les pins solitaires que la brise métamorphose en harmonieux instruments, à l'ombre des grands saules qui penchent sur vous leurs feuilles allongées, comme s'ils voulaient contempler à l'aise votre bonheur et lui sourire.

Vous ne savez pas comme elle est belle, la femme à qui vous tressez des couronnes avec les bluets des champs et les marguerites des prairies.

Les anges durent être jaloux de nos heures, de ces heures qui coulaient trop vite et nous rendaient avares de notre vie.

Elle était jeune, elle était vive, enjouée, elle aimait tour à tour le silence des campagnes et les délires tumultueux du bal. Le matin nous nous enivrions des senteurs embaumées des champs, de leur silence et de leur poésie, — le soir je donnais de splendides fêtes à nos voisins et elle était, comme toujours, comme à Varsovie, l'objet de l'admiration générale, la reine du bal!

Chaque soir, ces jardins, ces salons étincelaient, les vins et les mets exquis fumaient sur les tables ; — puis, le matin, nos convives étaient partis, le château redevenu silencieux, et nous allions, en un bosquet touffu, ou sur le bord de la petite rivière qui festonne capricieusement les prairies de la plaine, répéter ce long hymne d'amour commencé pour nous dans un bal et dont la dernière note, hélas! devait s'éteindre au milieu d'une fête.

Car un soir, un soir fatal et maudit, tandis que la valse nous entraînait enlacés et sans haleine, tandis que tournoyaient devant nous les tentures orientales, les glaces de Venise, les candélabres chargés de bougie et le flot d'invités qui nous suivaient du regard avec une naïve admiration, car les Français ne valseront jamais comme nous les fils de la Germanie.

Un homme parut au seuil d'une porte et sa présence causa une morne stupeur.

Nul ne le connaissait pourtant, nul

ne l'avait rencontré jamais, et cependant, à sa vue, une terreur secrète, un frisson d'épouvante glaça tous les cœurs.

C'était un vieillard, un vieillard courbé en deux, mais dont les yeux brillaient d'un reflet sauvage; — malgré ses cheveux blancs, et son riche costume, on l'eut pris pour un bandit sans aveu, tant son aspect était repoussant.

Il fendit la foule, la foule s'écarta muette et consternée devant lui.

Il tenait un pistolet à la main, il alla se placer au milieu du cercle que nous décrivions, sans l'avoir aperçu ni l'un ni l'autre ; car nos regards étaient rivés l'un à l'autre et le reste du monde nous était étranger.

Il nous ajusta froidement alors. Un cri terrible s'éleva de tous les points de la salle, mais trop tard.

Sa balle nous cloua l'un sur l'autre,

traversant son cœur à elle et m'atteignant dans le flanc.

Nous tombâmes tous deux ; elle était morte sur-le-champ ; moi je n'etais qu'évanoui et je survécus.

Quant au meurtrier, quant à ce monstre sur lequel la foule indignée s'était ruée, il eut l'atroce impudence de croiser ses bras d'un air menaçant et de s'écrier :

— C'était ma femme!

Et il s'en alla sans qu'on l'osât arrêter...

En prononçant ces derniers mots, le baron regarda Blümmen ; Blümmen pâle et défaillante s'appuyait sur la duchesse et attachait un œil ardent sur cet homme qui lui paraissait avoir tant souffert.

Peut-être qu'un froid sourire glissa

sur ses lèvres alors, mais nul ne le surprit et il dit avec un calme glacé à la duchesse:

— Voilà pourquoi, madame, la valse que j'aime tant, me tuerait à la longue, si j'en abusais.

CHAPITRE VINGTIÈME

XX

—

Blümmen et la duchesse se regardaient avec une douloureuse stupéfaction.

Blümmen avait senti pénétrer au plus profond de son cœur la parole colorée, ardente, voilée de sanglots du baron qui venait de découvrir ainsi les plaies de son âme.

Il lui semblait que la douleur avait fait un héros de cet homme et qu'elle serait heureuse entre toutes, bénie entre toutes, la femme à laquelle il serait donné de cicatriser les blessures encore saignantes de ce pauvre cœur torturé.

Un amour malheureux et brisé, un

amour perdu dont un homme se drape comme d'un vêtement de deuil est un titre à l'amour des autres femmes. Ce qui n'eut été pour elles que de la charité, devient, à leurs yeux, une mission consolatrice, un dévoûment qui peut atteindre les hauteurs du sublime.

Si le baron, par ce pathétique récit, avait eu l'intention d'éveiller la sympathie de la mélancolique Allemande, il avait pleinement réussi; — si bien réussi, même, que la duchesse qui, déjà, avait oublié Michaël et la comtesse italienne, se prit à regarder le marquis et déplora tout bas qu'un si beau cavalier, un valseur si élégant, un causeur si spirituel n'eût pas, lui aussi, son rêve évanoui, son roman brusqué au dénoûment, sa plaie béante qui réclamât quelques gouttes de ce baume souverain que les femmes distillent en un sourire.

Les deux femmes étaient muettes, le marquis paraissait rêver, le baron passa sa main sur son front pâle ét en essuya la sueur qui y perlait, puis il reprit :

— Depuis ce temps, la vie m'est à charge, et cependant j'ai horreur du suicide. Chaque nuit mon château s'illumine comme pour une fête, on sert un souper à des convives absents, un orchestre raisonne pour des danseurs qui n'existent point, et je bois à longs traits ; car alors les fumées des liqueurs et du café que je mélange de hâtchis, les enivrements de la musique, l'éclat des lustres et des bougies me font oublier, — ou plutôt il m'arrive parfois de croire que j'ai fait un horrible rêve, et qu'elle va venir, venir tout de suite belle et parée, le front rougissant, l'œil humide, que j'enlacerai sa taille de mon bras et que la valse nous entraînera bientôt dans son tourbillon.

Et je l'attends frémissant, le cœur gonflé, arpentant à grands pas les salles désertes, gourmandant mes laquais qui négligent leur service, me plaignant que les jardins sont mal éclairés et les menaçant de les chasser si madame n'est pas contente.

Les pauvres prennent pitié de moi, ils comprennent ma folie et se taisent humbles et soumis.

Puis, les fumées du hatchis opèrent, je me laisse lourdement tomber sur un de ces sophas, parfois sur le parquet, et alors on m'emporte chez moi où je dors d'un sommeil pesant et cauchemard pour m'éveiller à midi plus désespéré que jamais et renouveler, le soir suivant, cette étrange fête que je me donne à moi-même.

Et, en prononçant ces mots, le baron exhala un soupir navré et s'abîma en une prostration cruelle.

— Monsieur le baron, dit alors le marquis Della Strada d'une voix grave et sonore qui contrastait singulièrement avec le ton léger qu'il avait d'ordinaire et fit tressaillir la duchesse, monsieur le baron, vous êtes un noble cœur et un faible esprit.

Le baron le regarda.

— Oui, poursuivit le marquis, vous avez l'esprit faible, car, au lieu de combattre la douleur, de lutter vaillamment avec elle, vous vous laissez vaincre par elle et l'entretenez constamment. Vous avez horreur du suicide, dites-vous, vous regardez comme un crime et une lâcheté d'attenter à sa vie, et vous ne voyez pas que vous usez cette vie jour à jour, heure à heure, en vous environnant sans cesse des simulacres de votre bonheur éteint, et en vivant au milieu des objets, des lieux, des souvenirs qui vous rappellent la noble femme que vous pleurez, et le drame sinistre dont elle fut hélas! la victime.

Le baron secoua la tête :

— Vous ne savez donc pas, dit-il, que la douleur est chère et qu'elle a d'âpres voluptés?

— Oui, lorsque cette douleur n'est plus qu'un souvenir pieux qui donne la force de vivre.

— Vous voyez bien que j'ai vécu?

— Et cependant, reprit tristement le marquis, vous avez de morbides lueurs dans les yeux, vous êtes pâle et blême, car la douleur vous tue lentement et, un jour viendra, ou vous ne vous relèverez plus après être tombé ivre de hatchis.

— La mort me délivrera.

— La mort n'est une délivrance que pour les vieillards. Croyez-vous que votre vie vous appartient, et que Dieu qui vous l'a donnée vous permet de la gaspiller ainsi en regrets inutiles, car on doit se consoler de tout malheur absolu, et la mort est le plus absolu de tous?

— Ah! murmura le baron, on voit bien que vous n'avez point souffert...

— Qui vous le dit? répondit lentement le marquis, tandis que la duchesse tressaillait soudain.

Et nous oserions presque affirmer que ce fut de joie qu'elle tressaillit, tant elle était jalouse pour le compte du marquis des malheurs romanesques du baron.

— Vous? dit ce dernier dont la voix exprima soudain une sympathie affectueuse et triste, vous auriez souffert?

— Autant que vous, peut-être, monsieur.

— C'est bien difficile.

— Et moi, dit la duchesse qui voulait

savoir à tout prix, j'affirme que c'est impossible.

— Vous croyez, madame? fit le marquis en attachant sur elle un regard qui devint morne et froid.

— Vous si gai, si enjoué, toujours prêt au plaisir...

— Je noye mes douleurs au fond d'un verre, et le couplet d'une chanson est le cheval que j'enfourche pour traverser la vie.

— Les douleurs dont vous me parlez me paraissent amplement noyées, marquis.

— Peut-être... mais je prends la vie telle qu'elle est, et je souffre moins.

— Vous souffrez donc encore?

— Madame, dit tranquillement le marquis, je souffrais horriblement hier.

— Ah! est-ce donc cette comtesse de

Lupe, cette aventurière? fit la duchesse brusquement, car, d'un mot, le marquis venait de lui rappeler la comtesse et Michaël fuyant tous deux et la trahissant ; est-ce pour elle que vous souffriez?

Le marquis haussa les épaules :

— Non madame, dit-il.

La duchesse respira. Elle avait craint un moment que le marquis n'eut pour cette femme, qu'elle haïssait outre mesure, une de ces passions inexplicables et d'autant plus irrésistibles que celle qui en est l'objet est digne de mépris.

— Il me semblait impossible, murmura-t-elle, qu'on pût aimer une pareille femme.

— Oh! dit le marquis, je l'ai aimée cependant, mais comme on aime la copie d'un tableau et le Sosie d'une femme perdue à jamais.

— Jouez-vous à l'énigme?

— Du tout et si vous l'exigez, je m'expliquerai et vous conterai cette lamentable histoire.

Et l'accent du marquis était devenu triste, navré, comme naguère, celui du baron.

— Je l'exige très certainement, dit la duchesse dissimulant sa joie sous une compassion apparente. Allons, monsieur, parlez, dites-nous où vous souffrez, de quoi vous souffrez et nous essayerons de vous chercher un remède.

— Il est tout trouvé, dit vivement le marquis saisissant au vol cette imprudente parole de madame de Valseranges, qui se mordit aussitôt les lèvres et dit sèchement :

— Oh! en vérité?

— Hier j'étais aveugle, madame...

Le marquis s'arrêta, espérant sans doute qu'une rougeur fugitive montant tout à coup au front de la duchesse le dispensât d'achever; — mais la duchesse demeura impassible et feignit de n'avoir pas compris.

— Aujourd'hui, reprit alors M. Della Strada à voix basse et se penchant vers elle, aujourd'hui je vous ai vue.

Il y avait une émotion voilée dans l'accent du marquis, un charme infini, une douceur triste et presque résignée qui pénétrèrent profondément au cœur de la duchesse ; mais elle possédait l'art suprême de se contenir et de cacher les mouvements tumultueux de son âme sous une glace apparente. Aussi répondit elle avec un sourire presque dédaigneux.

— Savez-vous, monsieur, qu'il faut que je tienne beaucoup à votre *lamentable* histoire, pour écouter, en manière d'introduction, les impertinences que vous me débitez?

— Vous êtes adorable, répondit galamment le marquis. Le meilleur moyen de désespérer une femme est de répondre par un compliment aux mots blessants qu'elle vous jette. La duchesse se mordit les lèvres une seconde fois, rougit imperceptiblement et dit avec vivacité :

— Voyons, monsieur, quelle est cette histoire que vous qualifiez de lamentable ?

— Madame, dit le marquis, en prenant sur le sopha l'attitude pleine de noble nonchalance qui sied à un conteur qu'on écoute avec empressement, quel âge me donnez-vous ?

—Vingt-huit ans environ.

— J'en ai trente-cinq.

— Impossible !

— Rien n'est plus vrai. Pas un pli ne ride mon front, les coins de mes lèvres sont unis, mon œil est plein de feu, je suis jeune et bouillant comme à ma vingtième année ; et cependant, madame, tout cela n'est qu'un jeu de la nature, un pur hasard, car je suis vieux, vieux d'esprit, vieux de cœur ; j'ai déjà usé une vie et je suis à la moitié de l'autre.

— Vous avez usé une vie ?

— Oui madame. Je ne suis le marquis Della Strada que depuis cinq ans. Avant j'étais un lazzarone de Naples qu'on nommait Pédrino.

Un étonnement profond se peignit sur les traits du baron et de la duchesse; — quant à Blümmen elle n'écoutait plus, elle était abîmée de nouveau en sa mélancolique rêverie.

Si la duchesse éprouva jamais une déception poignante, ce fut à coup sûr en ce moment.

Le marquis n'avait donc qu'un titre d'emprunt et il avait été lazzarone! c'est-à-dire un mendiant déguenillé couchant sous les portiques de Naples, se nourrissant de macaroni et de cocomero. Un homme qui portait un fardeau pour quelques baïoques; volait un bracelet pour un carolus et assassinait au besoin pour dix pistoles.

Et cet homme avait eu l'audace de lui laisser entendre qu'il l'aimait!

Elle n'eut point le temps, cependant, de manifester son dépit, car le marquis poursuivit presque aussitôt:

— Oui, madame, j'étais un lazzarone: le plus déguenillé, le plus pauvre, le plus insouciant de tous ceux qui contemplent, le soir, étendus sur le marbre blanc des portiques, les étoiles qui brillent au ciel et se reflètent dans les flots d'azur du golfe napolitain. Pourtant je ne mendiais pas, je ne travaillais jamais et, le dimanche, je ne dînais point afin de pouvoir donner une baïoque à un autre lazzarone pour qu'il me portât à l'église San Carlo où j'entendais religieusement et dévotement la messe. J'avais horreur du mouvement ; si le lézard qui se chauffe au soleil avec un si grand art ne marchait jamais, il serait le roi de la création.

La duchesse ne put réprimer un éclat de rire.

— Cependant, reprit le marquis, j'étais de bonne et vieille noblesse, madame, le roi m'appelait son cousin quand il venait à passer sur les marches du palais Angelo-Angelini où j'avais élu domicile de nuit et de jour. On savait, dans Naples que ma race, dont j'étais le rejeton dernier était illustre et vieille entre toutes et que si je l'eusses voulu, le roi m'aurait donné à commander une compagnie de ses soldats. Mais j'étais poète et paresseux. La paresse est une condition du talent; les poètes qui produisent toujours sont des ouvriers, les ouvriers qui ne produisent rien sont des poètes.

— Pedrino, me disait parfois le roi Ferdinand, veux-tu être capitaine?

— Il faudrait monter à cheval, répondais-je.

— As-tu peur de te rompre le cou?

— Non, mais cela me fatigue.

Et le roi s'en allait en disant:

— Ce gueux-là est pourtant mon cousin...

— Vraiment! interrompit la duchesse

vous étiez réellement le cousin du roi ?

— Oui madame.

— Et cette abominable vie vous plaisait ?

— Sans doute ; il me restait, de mes pères, un héritage qui représentait à peu près trois deniers par jour, j'avais de quoi vivre et je ne faisais rien. Et puis, je vous l'ai dit, j'étais poète.

— En vérité ! vous faisiez des vers !

— Souvent ; je ne les écrivais jamais. On est poète pour soi quand on est lazzarone et non pour les autres.

— Et qui vous fit sortir de cette étrange situation.

— L'amour, madame.

— Je parie que c'est ici que commence votre histoire ?

— Précisément. Un jour, le seigneur Angelo Angelini voulut faire restaurer son palais. Il était fort impertinent, ce seigneur, car son palais me convenait tel qu'il était et je dormais parfaitement sur ses gradins de marbre à l'ombre d'un oranger. Si j'en eusse eu le courage, j'aurais écrit une satire contre lui; mais l'écriture m'a toujours fait horreur.

Je pris donc mon parti en brave et, un matin, je delogeai du portique Angelo Angelini pour aller m'installer sous celui du palais Barbieri.

Le palais Barbieri était habité par une femme de vingt ans, belle comme un démon et dont le sourire damnait. Elle était veuve, elle était riche.

Je la vis, à la brune, respirer la brise de mer au balcon du palais; je la vis dix minutes, moins peut-être, et je l'aimai.....

Oh! je l'aimai voyez-vous, avec une folie telle que le soir même je secouai ma paresse, escaladai hardiment le balcon et m'allai jeter à ses genoux :

— Signora, lui dis-je, je suis un lazzarone, mais un lazzarone jeune et beau, je vous aime comme l'ange déchu aime le paradis de Dieu, et je me suis juré que vous m'aimeriez à votre tour.

— Vous êtes un insolent, me dit-elle, et je vais vous faire chasser. Vous ne savez donc pas que je suis la comtesse Barbieri?

— Et moi je suis noble, aussi.

— Vous êtes un gueux, répondit-elle. Regardez plutôt vos haillons.

Et elle me frappa d'une petite baguette d'osier qu'elle tenait à la main en me disant :

— Sortez ! sortez sur le champ ou je vous fais arrêter par les sbires.

CHAPITRE VINGT-UNIÈME

XXI

Quand on aime passionnément une femme et que cette femme vous insulte, poursuivit le marquis, on est sérieusement pris de l'envie de la tuer sur-le-champ. On ne peut se figurer la fraternité jumelle qui existe entre l'amour et la haine.

Ces deux passions s'accordent merveilleusement.

Je sentis, en ce moment, que je haïssais cette femme autant que je l'aimais
et je froissai dans ma main le manche
de nacre de mon stylet, me demandant
si je ne lui ferais pas une gaîne neuve
avec la blanche poitrine de la comtesse.

Elle me devina sans doute, car je la
vis pâlir soudain et la verge échappa à
ses doigts.

L'ennemi qui tremble est sauvé :

— Madame, lui dis-je avec un sourire dont l'ironie était sanglante, savez vous que vous venez de frapper le cousin d'un roi de Naples?

Elle me regarda étonnée.

— Je suis très pauvre, repris-je, presque un mendiant ; mais écoutez-moi bien, je serai gentilhomme le jour où cela me plaira, et il me plaît que vous m'aimiez.

Elle retrouva son dédain superbe :

— Jamais ! fit-elle indignée.

— Tout vient à point à qui sait attendre. Je vous assure, madame, que le jour viendra où vous m'aimerez. Vous ne savez donc pas que l'homme jeune et fort, l'homme patient et tenace qui a juré d'obtenir l'amour d'une femme arrive tôt ou tard à son but ?

Elle me montra la porte un fois en- encore.

— Je vous chasse ! me dit-elle.

Je m'inclinai très bas.

— Adieu signora, lui dis-je, demain je serai redevenu gentilhomme.

Elle sourit avec mépris :

— Et serez-vous riche, aussi ?

Ces mots me glacèrent ; cette femme faisait un soufflet de ma pauvreté et me l'appliquait sur le visage ; et je sentis alors que l'amour que j'avais pour elle était moins fort que la haine qu'elle m'inspirait.

— Ah ! lui dis-je, vous voulez que je sois riche, eh bien ! je le serai. Adieu...

Et je sortis.

Sur le seuil de la porte je me retournai :

— Comtesse, lui dis-je, le veuvage vous doit ennuyer fort, quand vous m'aurez épousé votre existence sera rose et bleue, comme la grotte d'azur où le soleil pénètre, à midi, après s'être baigné dans la mer, ce qui donne à la grotte ces tons mélangés d'indigo et de carmin.

Un éclat de rire acheva ma phrase, et je laissai la comtesse stupéfaite.

J'avais promis à cette femme dont je voulais posséder à tout prix l'amour, je lui avais promis de redevenir gentilhomme et d'être riche.

Un lazzarone n'a que sa parole.

Je me drapai de mon mieux dans mes haillons, je peignai ma chevelure blonde avec mes doigts et je me présentai au palais du roi.

On ne voulait pas me laisser entrer, d'abord, mais le roi qui se trouvait à son balcon cria à ses gardes :

— Laissez donc entrer mon cousin.

Lorsque j'eus été introduit, le roi se prit à rire et me dit :

— Que diable me veux-tu donc?

— Vous demander un service.

— Je le vois, tu as réfléchi et veux être capitaine.

— Nullement. Je viens vous emprunter cent pistoles.

— Je ne prête pas, je donne.

— Alors, bonsoir !

— Attends donc, je te les prêterai, si tu y tiens, car je suis bien sûr que tu ne pourras jamais me les rendre.

— Je vous garantis le contraire.

Le roi hocha la tête, et puis il se tourna vers un de ses officiers :

— Faites compter cent pistoles à mon cousin, dit-il.

Malgré ma paresse à écrire, j'eus le courage, car j'étais fier, de tracer un reçu en bonnes formes de la somme que le roi me prêtait, m'engageant à la rembourser avant huit jours.

Du palais du roi je me rendis chez un tailleur fort à la mode, à Naples, un juif qui, pour trente pistoles, équipait un gentilhomme des pieds à la tête.

— Ça maraud, lui dis-je, je ne suis plus Pedrino le lazzarone à qui tu vendais pour trois baïocchi une souquenille en loques ; je suis le marquis della Strada, dernier du nom, le cousin du roi et d'ici à peu le plus riche seigneur de Naples la coquette. Tu vas me vêtir en conséquence.

Le juif me regarda, non sans étonnement, mais il y avait tant d'assurance dans mon regard et d'autorité impérieuse dans ma voix, qu'il pensa que le Dieu des chrétiens allait faire un miracle en ma faveur.

Il m'équipa donc et, en deux heures, je fus méconnaissable.

Je portais pourpoint de velours cerise à franges d'or, collerette et manchettes en fine dentelle, chausses bleu de ciel, bas de soie roses, épée damasquinée à poignée d'or, feutre à longue plume blanche; et je posais si coquettement le poing sur la hanche, je marchais la tête si haute que mes anciens compagnons des portiques ne me reconnurent pas quand je passai devant eux en me rendant chez la comtesse Barbieri.

Les valets de la signora qui m'avaient vu sortir en haillons ne me reconurent pas et me demandèrent mon nom et mes titres :

Annoncez le marquis della Strada, leur criai-je.

La comtesse hésita, elle, à me reconnaître, mais elle me reconnut cependant.

— Ma toute belle, lui dis-je d'un ton dégagé, je viens savoir votre goût sur mon accoutrement. Je serais désolé que la nuance de mon pourpoint vous déplût, et que le ton de mes bas de soie vous semblât d'un rose trop vif.

— Vous êtes fort bien, me dit-elle.

— M'aimeriez-vous ainsi ?

Elle haussa les épaules.

— Qui donc, me dit-elle, avez-vous détroussé, en sortant d'ici, pour vous procurer ces loques et où les avez-vous louées

— Le roi m'a prêté cent pistoles, comtesse.

— C'est peu, fit-elle avec dédain. Quand on est vêtu en gentilhomme, il en faut mener le train.

— Je le mènerai, comtesse, et dimanche prochain, jour de Pâques, je vous viendrai chercher dans mon carrosse pour vous conduire à la grand'-messe de l'église San-Carlo. Adieu, ma belle comtesse.

Et je lui baisai la main si lestement qu'elle n'eut point le temps de la retirer.

En sortant de chez elle — il était onze heures du soir alors — je me rendis sur le port, dans une maison de jeu, où les plus riches seigneurs napolitains se ruinaient chaque jour un peu en confiant leur patrimoine à la chance douteuse des dés et des cartes.

— Hélas! mes maîtres, leur dis-je en entrant, je suis Pedrino le lazzarone, Pedrino le dernier marquis della Strada. Tous me trouvèrent bonne mine et me saluèrent courtoisement.

Je continuai :

— Vous vous ruinez chaque jour, mes

maîtres, au profit de plusieurs faux gentilshommes, filous habiles qui vous détroussent et se moquent de vous dans leur barbe. Je viens vous proposer de vous ruiner pour un galant homme, ce qui sera infiniment plus honorable pour vous.

On m'écoutait avec curiosité. Je poursuivis froidement :

— J'aime une femme qui se nomme la comtesse Barbieri. Vous la connaissez tous. Elle me dédaigne parce que je suis pauvre, et j'ai juré d'être riche. Aussi bien je viens d'emprunter cent pistoles au roi, j'en ai dépensé trente à m'équiper, il m'en reste soxante-dix, je viens les jouer ici et, Dieu aidant, vous sortirez tous d'ici aussi pauvres que j'y suis entré. Je crois en mon étoile et je vous défie !

Je leur jetais audacieusement le gant, ils le relevèrent tous avec enthousiasme.

Nous prîmes des dés et des cornets et je jetai dix pistoles sur la table, je perdis. J'en jetai vingt, je perdis encore...

Aucun muscle de ma face ne tressaillit et je ne cessai de sourire.

Le reste de mes pistoles, moins deux, suivit les trente premières :

— Il faut pourtant, dis-je avec calme, que la comtesse Barbieri m'aime. Aux derniers les bons, comme dit le proverbe.

Je posai froidement mes deux pistoles sur le tapis, les dés sortirent, je gagnai !

La mauvaise veine était épuisée, la bonne arrivait.

En une heure, les dés roulèrent trente fois, trente fois la chance me fut favorable et je ne cessai de doubler mon enjeu, ne me réservant que mes deux pistoles.

Au matin, j'avais un monceau d'or devant moi, j'étais riche à deux millions de livres de France et mes adversaires ne possédaient plus une obole :

— Mes seigneurs, leur dis-je en me levant, vous m'avez fait riche, je vous remercie et vous verrez que je ne serai point ingrat, car les fêtes que je vous donnerai dans mon palais dépasseront en magnificence celles du roi, mon cousin. Bonne nuit !

Le jour naissait à peine et le golfe

était silencieux comme une jeune fille endormie.

Sur le seuil des palais dormaient les lazzaroni, mes anciens compagnons.

Je les contemplai d'un œil de regret et me dis en soupirant :

— Voyez donc comme l'amour qu'on a pour une femme vous entraîne parfois à renoncer au bonheur. Ces gens-là dorment à l'aise et moi j'ai passé la plus affreuse des nuits.

J'entrai dans une taverne où je demandai une fiole de Lacrima-Christi. Je la bus lentement, à petites gorgées, en vrai lazzarone que j'étais encore et qui n'a d'ordinaire pour se désaltérer qu'une tranche de coconero.

J'attendis ainsi que l'heure convenable pour acheter un palais fut venue.

Alors je me rendis chez mon juif et lui montrai mon or que j'avais enfermé dans mon manteau, noué par les quatre bouts :

— Ça, maroufle, lui dis-je, tu vois que je ne t'ai point menti, je suis riche. Par conséquent il ne m'est plus permis de loger sous le porche d'une église ou sous le balcon de la contessina Barbieri.

— Je comprends votre excellence, me dit le juif, elle désire un palais.

— Tu devines.

— Justement, il en est un superbe qu'un grand seigneur espagnol ruiné...

— Bon! interrompis-je, c'est moi qui l'ai ruiné cette nuit.

— C'est possible, car il sort d'ici.

— Alors achète-le sur l'heure et ne marchande pas.

— Votre excellence oublie que je suis Israélite...

— C'est juste.

— Votre excellence désire sans doute aussi un carrosse ?

— Et des laquais.

— En outre d'autres équipements.

— Les plus beaux que tu pourras trouver.

Le juif s'inclina. Je l'arrêtai d'un geste.

— Il me vient, lui dis-je, une assez bonne idée. La contessina Barbieri a un palais superbe.

— Votre excellence dit vrai.

— Et je songe que ce palais me conviendrait.

— La contessina ne le vendra point.

— Si je l'épousais, le palais serait à moi.

Le juif me regarda étonné.

— Votre excellence veut rire, dit-il.

— Du tout. J'aime la contessina.

— Et... elle ?

— Elle me haït.

— Alors, fit-il sentencieusement, votre excellence l'épousera.

Ce juif avait de l'esprit.

— Drôle, lui dis-je; j'ai bien envie de te prendre à mon service.

— Ce serait beaucoup d'honneur pour moi, excellence.

— Je sais bien que tu me voleras, mais je te bâtonnerai à l'aise.

— Tout est compensation dans la vie, répondit modestement le juif, acquiesçant ainsi au marché.

— Tu n'achèteras donc point le palais, repris-je, mais tu le loueras.

— Pour trois mois ?

— Non, pour un seul. La contessina m'épousera d'ici à trois semaines.

Le soir même j'étais installé dans le palais du grand seigneur espagnol et le lendemain on me vit à l'heure élégant, me promener dans mon carrosse sous le balcon du roi.

Le jour suivant il n'était bruit à Naples la coquette que de la bonne mine, de l'opulence et des hautes façons du marquis della Strada, un adorable original qui avait voulu mener la vie du lazzarone pendant quelques années

Toutes ces rumeurs avaient dû franchir le seuil du palais Barbieri.

Je me rendis chez la contessina au bout de deux jours.

Elle me reçut avec un sourire et me dit :

— Vous venez savoir si je vous aime ?

— J'en suis persuadé.

— Vous vous trompez, je vous hais.

— Je vous trouve difficile, comtesse.

— C'est possible, mais vous m'avez

défiée au lieu de me prier et j'ai accepté le défi. J'aurais pu aimer Pedrino le lazzarone s'il se fut jeté à mes pieds et m'eût supplié ; les femmes sont charitables quand on les implore. Elles sont impitoyables lorsqu'on les menace. Je vous hais.

— Et moi je vous baise les mains ; adieu comtesse, avant huit jours vous m'aimerez.

La comtesse Barbieri était, au dire des Napolitains, et les Napolitains s'y connaissent, la plus ravissante créature qu'il se pût trouver du cap Misène au lac

Majeur et de Venise la belle à Gênes la superbe.

Sa chevelure noire et lustrée comme l'aile d'un corbeau, l'enveloppait tout entière et lui servait de peignoir, lorsqu'elle sortait du bain. Ses lèvres rouges respiraient la passion, son teint blanc et mat était éclairé du reflet de deux grands yeux brillants et magnétiques qui avaient enchaîné au char de la belle veuve tous les gentilshommes des Deux-Siciles.

Les lazzaroni, mes anciens camarades, improvisaient parfois des vers en sa louange, et ces vers étaient chantés, le soir, sur les flots du golfe, par un jeune pêcheur de quinze ans qui avait perdu son repos et sa gaîté depuis le jour où la contessina était entrée dans sa barque pour aller au bal d'un navire français.

Le curé de San-Carlo l'ayant vue, un matin, à la messe du jour de Pâques, avait commandé un tableau pour son église, lequel tableau devait représenter la Visitation, et il avait enjoint au peintre, de donner à la Vierge les traits de la contessina, persuadé qu'aucune femme au monde, n'était plus belle.

Eh bien! les Napolitains, les lazzaroni et le curé de San-Carlo se trompaient étrangement, car, en sortant du palais Barbieri, où j'avais laissé la comtesse dans une charmante toilette de bal, je crus la rencontrer à sa porte, sous son propre balcon, dans les haillons les plus hideux.

Adossée à une colonne du portique, une mendiante me tendit la main ; je reculai stupéfait, car elle ressemblait à la contessina comme la goutte d'eau qui tombe d'un vase ressemble à celle qui la suivra. Et pourtant ce ne pouvait être elle, je venais de la quitter à l'instant même, et j'avais traversé le péristyle avec la rapidité d'une flèche.

Une joie sauvage me gagna alors, la plus infernale des pensées germa soudain dans mon cerveau, et tandis que la main tendue, la mendiante cherchait à s'expliquer mon étrange surprise, je la considérai attentivement, et je demeurai convaincu que si elle était placée à côté de la contessina, vêtue comme elle, il serait impossible de les distinguer.

Je jetai mon manteau sur les épaules

de la pauvre fille, je la pris par le bras et l'entraînai dans une ruelle sombre et peu fréquentée.

— Petite, lui demandai-je, comment te nommes-tu?

— Lorenzina, me répondit-elle.

— D'où es-tu?

— De Rome.

— Depuis quand es-tu à Naples?

— Depuis quelques heures.

— As-tu déjà couru la ville?

— Ce palais est le premier où je me sois arrêtée.

— Tu n'es point entrée dans les églises ?

— Non.

— Tu n'as point parcouru la via San-Carlo ?

— Pas davantage.

— Et aucun gentilhomme ne s'est arrêté surpris en te voyant ?

— Aucun.

Je respirai.

— En ce cas, repris-je, viens avec moi.

— Où voulez-vous me conduire ? me demanda-t-elle avec une sorte d'effroi.

— En un lieu où tu troqueras tes

haillons contre du velours, de la soie et des rubis.

Je vis un éclair passer dans ses yeux, cet éclair était un poème d'ambition tout entier, j'en tressaillis de joie. Et la forçant de se couvrir le visage avec un pan de mon manteau, je la conduisis chez le juif à qui j'avais eu recours deux fois déjà.

Lorsque je pénétrai chez lui, il était assis devant une petite table, supportant une méchante chandelle, et, à sa lueur, il réparait un magnifique bracelet de perles sur lequel tombèrent tout d'abord les regards de la mendiante qui frissonna de convoitise. La chandelle ne projetait donc qu'une faible lueur dont le cercle était borné et j'eus soin de tenir la mendiante hors de ce cercle.

— Ah ! vous voilà, mon gentilhomme ? fit le juif en relevant ses lunettes de l'extrémité anguleuse de son nez à son front.

— Oui, me voilà, et je viens te charger de retenir pour moi le palais du grand seigneur que j'ai ruiné la nuit dernière.

Un sourire glissa sur les lèvres minces de l'usurier.

— Il paraît, me dit-il, que la contessina Barbieri ne veut pas se remarier.

— Qu'en sais-tu ?

— Dame! puisqu'il vous faut un palais c'est qu'elle a refusé de vous loger dans le sien.

— Mon maître, dis-je sévèrement, vous êtes un faquin et un drôle, apprenez que la contessina est ma maîtresse.

Et tandis que le juif stupéfait faisait un soubresaut sur son siége, j'attirai à moi la mendiante, lui arrachai mon manteau et la plaçai dans le rayon lumineux de la lampe.

Le juif pétrifié poussa un cri.

— La contessina, murmura-t-il. Juste ciel! que veut donc dire pareille chose? et ces haillons?

Je me pris à rire:

— Puisque l'œil d'un usurier s'y trompe, m'écriai-je tout le monde s'y trompera.

L'étonnement du juif redoubla. Je lui contai alors mon aventure, et lorsqu'il fut bien convaincu que la mendiante et la contessina étaient deux êtres parfaitement distincts, je continuai:

— Il me faut, ce soir même, le palais du seigneur espagnol.

— C'est facile, me dit-il, car je l'ai acheté il y a une heure et j'ai enjoint aux laquais de s'y tenir prêts à vous recevoir. Je savais bien...

Je l'arrêtai d'un geste.

— Maître faquin, fis-je avec hauteur, nous ne savez absolument rien. N'importe ! conduis-nous, madame et moi. Mais, auparavant, emmène madame dans ta garde-robe et fais en sorte de la vêtir ainsi qu'il convient à la contessina Barbieri.

— Oh ! murmura-t-il je commence à deviner.

— C'est parfaitement inutile, roi des drôles!

Il emmena la mendiante, non moins étonnée que lui, et je crois qu'en s'en allant il se permit de grommeler :

— Ces gentilshommes sont plaisants, ils s'imaginent qu'on peut insulter un juif.

Quelques minutes après Lorenzina reparut. C'était à se prosterner d'admiration, tant elle était belle dans sa riche parure dont mon fournisseur l'avait affublée. Plus que jamais c'était la contessina en chair et en os, la contessina dans tout l'éclat de sa splendide beauté.

Je lui enjoignis de se couvrir le visage d'un long voile comme en portent les femmes juives, le soir en traversant les rues, et, prêts à partir, je dis à l'usurier :

— Connais-tu le fournisseur ordinaire de la contessina ?

— C'est moi, répondit-il.

— Alors ceci tombe à merveille. Tu dois savoir, au bout du doigt, le nombre des parures, des robes des écharpes de soie et des colliers de perles ou de corail qu'elle porte.

— Parfaitement.

— Et il doit t'être aisé..,

— D'en fournir de pareilles? oui, mon gentilhomme.

— C'est bien, tu m'as compris. Il faut que demain il y ait deux contessinas exactement semblables l'une à l'autre et portant aux doigts les mêmes bagues.

Le juif s'inclina et nous partîmes.

Sous le péristyle de ce palais naguère acheté par le juif, une dizaine de laquais attendaient le maître nouveau et inconnu qu'il plairait à la fortune de leur envoyer.

Je leur jetai quelques baïocchi pour

les édifier sur ma générosité, et j'accompagnai les baïocchi de coups de canne distribués çà et là, afin qu'ils ne pussent douter de ma noblesse et de l'habitude que je devais avoir de posséder des laquais.

Je conduisis moi-même la Lorenzina par la main, tête nue, avec une familiarité respectueuse qui réglait par avance sa position auprès de moi, et lorsque nous nous trouvâmes dans un coquet et tiède boudoir plein de fleurs, ouvrant, par un balcon, sur le golfe, je congédiai d'un geste impérieux, le juif et les laquais et demeurai seul avec elle.

Elle se jeta nonchalamment sur une ottomane, je pris l'ottomane et la roulai vers le balcon, m'assis auprès d'elle, plaçai ses petites mains dans les miennes et lui dis :

— Lorenzina es-tu ambitieuse ?

Elle eut un sourire triste :

— Je l'étais, me dit-elle, sous mon manteau déguenillé, bien souvent, couchée, la nuit, au seuil des temples, je contemplais d'un œil d'envie les palais illuminés, les carrosses emportant les grandes dames, et les beaux jeunes gens s'inclinant jusqu'à terre quand elles passaient au galop. Car, alors, j'espérais et j'avais foi en mon étoile.

— De quelle étoile parles-tu ?

— Ah ! c'est que vous me croyez du peuple, reprit-elle, et je vous ai tendu la main. Aussi vous ne savez pas qui je suis.

— Qui donc es-tu ?

— L'enfant de l'opulence et du hasard. Mon père était un grand seigneur et ma mère une bohémienne.

— Très bien. Et ton père...

— Mon père est mort, ma mère est morte aussi. Mais, en mourant, mon père, dont j'ignorai toujours le nom,

me fit remettre, par une vieille femme
que je n'avais jamais vue et que je ne
revis jamais depuis, une bague et un
parchemin. Le parchemin contenait ces
lignes :

« — Allez à Naples, vous y avez une
» sœur. Cette sœur à qui je lègue tout
» mon bien le partagera avec vous en
» voyant la bague que je vous envoie...
» pour la trouver, il vous suffira d'aller
» vous asseoir sous le porche d'un palais
» de la Piazza reale, un soir, vers huit
» heures, et d'y attendre un mendiant
» qui vous dira : avez-vous la bague ? —

» Vous le suivrez, et il vous conduira
» chez votre sœur. »

— Eh bien? demandai-je, intéressé malgré moi par le récit de la bohémienne.

— Eh bien! répondit-elle, je reçus cette bague et ce parchemin, il y a un an, et je me mis en route couchant au seuil des auberges, mendiant comme aujourd'hui. Et cependant des bandits m'arrêtèrent, ils me prirent la bague et le parchemin, et l'un d'eux m'étendit à terre d'un coup de crosse de sa carabine. Quand je revins à moi, ils avaient disparu et mon rêve de grandeur et de fortune s'était évanoui. Je retournai tristement à Rome pour y continuer cette existence de mendiante que je mène aujourd'hui encore.

— Pourquoi donc êtes-vous venue à Naples ?

— On m'a chassée du porche de Saint-Pierre, et on me connaissait trop à Rome, personne ne me donnait plus rien.

— Lorenzina, dis-je avec quelque émotion, ce palais est à vous, ces parures qu'on vous prépare sont à vous, ces valets qui nous entourent vous obéiront.

Son sourire devint plus triste encore.

— Je sais à quel prix, murmura-t-elle.

— Vous vous trompez... tout cela est bien à vous, et ce n'est que la dixième partie de votre fortune. Vous êtes la comtesse Barbieri désormais, et je vous conduirai dans votre palais, dès demain, celui sous le porche duquel vous m'avez tendu la main.

— Et... qu'exigez-vous de moi?

— Une seule chose : l'oubli de votre passé et un silence de mort.

Je la vis frissonner :

— Calmez-vous, lui dis-je, je veux

me venger d'une coquette à qui vous ressemblez, voilà tout.

Peut-être ne me comprit-elle pas bien, mais elle me regarda avec un sombre enthousiasme et je compris que j'aurais en elle une fidèle et terrible alliée.

— Il y a donc une femme, me dit-elle, à qui je ressemble trait pour trait?

— La contesssina.

— Alors, fit-elle avec calme, c'est ma sœur.

Je tressaillis et craignis que cette réflexion subite la fit renoncer à me servir. Mais elle reprit :

— Je me souviens que les bandits qui me volèrent ma bague, me prirent aussi le parchemin en me disant :

— Ton père n'a pas laissé trop de biens pour une seule fille. Du moins, c'est l'avis de ta sœur. *Elle* les avait donc payés ?

— Oh! sans doute, m'écriai-je.

— Eh bien! alors, murmura-t-elle avec un sangfroid qui eut épouvanté un autre homme que moi, alors faites ce que vous voudrez, je vous appartiens corps et âme, vengeons-nous!

La nuit était avancée, je fis servir à souper, et, une heure après, je me retirai, laissant Lorenzina chez elle, et lui enjoignant de ne point se montrer le lendemain, avant mon arrivée.

Le lendemain, je courus chez le roi. Il eut peine à me reconnaître.

— Ah! me dit-il, quel cardinal as-tu donc assassiné?

— Sire, lui répondis-je fièrement, l'assassinat n'est point dans les mœurs de notre famille. J'ai joué avec les cent pistoles que vous m'avez prêtées, j'ai gagné et je viens vous rembourser.

Il se prit à rire et me dit :

— C'est inutile.

— Allons donc ! fis-je en haussant

les épaules, vous abusez singulièrement de notre parenté. Vous m'humiliez...

Et je retirai de mes poches les cent pistoles que je tendis au roi.

Il les prit en me traitant de triple fou.

— Sire, lui dis-je alors, je n'ai plus besoin de votre or, mais bien d'un service.

— Lequel?

— J'aime la contessina Barbieri.

— Ah! ah!

— Et je la veux épouser. Vous plairait-il m'aider en cette occasion? Elle ne m'aime pas...

— Qu'y puis-je faire?

— Elle ne m'aime pas, parce qu'elle prétend que je ne suis qu'un lazzarone.

— Tu l'étais hier.

— Et que vous n'êtes pas mon cousin...

— La contessina se trompe.

— C'est ce que je voudrais que vous lui puissiez dire, le reste me regarde...

— Qu'à cela ne tienne, dit le roi, je vais lui écrire.

— Non pas, sire, mais mandez-la au palais, et donnez-moi l'ordre; je le porterai moi-même. Puis, quand la comtesse sera ici, vous lui direz simplement:

Madame, le marquis della Strada que voici, est bien mon cousin, je vous l'affirme sur ma parole royale.

— Et puis? fit le roi.

— Et puis, rien, sire. Le reste me regarde.

Le roi écrivit un charmant billet comme aurait pu le trousser le roi Henri IV, son aïeul, et il me le remit.

Ce billet était une invitation des plus courtoises faite à la contessina de se rendre au palais en ma compagnie.

En sortant de chez le roi, j'ordonnai à mon cocher de toucher au palais Barbieri.

— Encore vous? me dit la comtesse avec dépit.

— Toujours moi, madame, répondis-je.

Et je lui tendis mon message.

— Le roi voudrait-il me fléchir à votre endroit ? fit-elle d'un ton railleur.

Je ne répondis point et lui offris mon bras.

Elle sonna ses femmes, se fit habiller et s'excusa de me faire attendre du ton le plus impertinent du monde.

— Madame, répondis-je avec la même inflexion de voix, j'ai toujours rêvé une femme de charmante humeur comme vous, et je m'aperçois que vous ferez une délicieuse marquise della Strada.

Elle haussa les épaules et me témoigna, en montant dans mon carrosse, une répugnance dédaigneuse dont je ne fis que rire.

Pour aller chez le roi, il fallait passer devant mon palais.

— Madame, dis-je à la contessina, puisque vous n'avez voulu m'épouser, il m'a fallu acheter un palais, car un gentilhomme de mon rang ne peut coucher à la locanda.

— Vous avez bien fait, répondit-elle,

mais vous savez bien cependant que le portique du mien est à votre disposition comme par le passé. Vous y avez passé plusieurs nuits, je crois.

— Une seule, comtesse. Vous plairait-il voir mon palais?

— A quoi bon ?

— Vous aimez les arts, j'ai un *Véronèse* d'une grande beauté et deux *Benvenuto* qui valent un prix fou.

Elle hésitait :

— Vraiment, lui dis-je, on croirait que vous tremblez...

— Nullement, répondit-elle, et, pour preuve, je veux visiter votre bicoque depuis la salle de bains jusqu'aux combles.

Je sautai lestement à terre et la reçus dans mes bras :

— Chère contessina, lui dis-je d'un ton moqueur, quand donc vous pourrai-je dire : vous êtes ici chez vous?

— Jamais, fit-elle. Où sont vos peintures?

Je lui offris la main, nous gravîmes ainsi le large escalier de marbre jonché de fleurs et nous parcourûmes rapidement plusieurs salles dont l'ameublement et les tableaux n'avaient rien de merveilleux.

Arrivé à l'antichambre qui précédait le petit salon où, la veille, j'avais introduit Lorenzina, je rencontrai le juif; il s'inclina jusqu'à terre devant la comtesse.

— Ah! dit celle-ci avec dédain, il paraît que nous avons les mêmes fournisseurs.

— C'est naturel, comtesse.

— Votre excellence, me dit tout bas le juif, a été fidèlement obéie; et précisément Lorenzina porte en ce moment le même costume que la comtesse.

— C'est bien, va-t-en.

Quand le juif fut parti, je dis à la contessina.

— Vous savez que, demain, il y a grand'messe et *Te Deum* à la cathédrale.

— Je le sais.

— Nous irons dans mon carrosse et nous nous placerons au même banc, sur le même coussin de velours.

— Par exemple! fit-elle avec hauteur.

— Le soir, continuai-je, nous aurons, à San-Carlo, les débuts d'une prima dona qu'on dit très remarquable, la

Felicita compte vous demander une place dans votre loge.

— Êtes-vous fou ?

— Et j'ai l'intention, poursuivis-je, d'aller, au sortir du spectacle, prendre des sorbets et des glaces au palais Barbieri.

Un éclair de colère jaillit des yeux de la comtesse, elle tourmenta dans ses belles mains le manche de son éventail, et elle faillit m'en frapper au visage.

— Venez, comtesse, lui dis-je avec calme, je vais vous montrer ce qu'il y a de plus curieux ici, votre portrait en chair et en os.

Et je poussai les deux battants du petit salon devant la contessina qui poussa un cri de surprise et presque de terreur en se trouvant face à face avec une femme qui lui ressemblait si bien, de costume, d'attitude et de visage, qu'elle crut, au premier moment, s'apercevoir elle-même dans une glace.

Alors je m'avançai vers Lorenzina, lui baisai galamment la main et lui dis :

— Contessina Barbieri, venez, le roi vous attend.

Dire la stupéfaction profonde, l'indignation sans bornes qui s'empara de la vraie comtesse, quand elle me vit saluer de son nom Lorenzina la mendiante, est chose impossible. Un instant muette et paralysée, elle eut bientôt retrouvé l'usage de son geste dédaigneux et de sa voix que le mépris accentuait d'ordinaire, et elle me dit avec son froid sourire :

— Il y a donc deux comtesses Barbieri, en ce monde ?

— Vous vous trompez, répondis-je, il n'y en a qu'une.

— L'aveu me plaît, et je l'attendais. Quelle est cette femme ?

Et elle désignait Lorenzina du bout de son éventail.

— Cette femme, répondis-je, c'est la comtesse Barbieri.

Elle recula d'un pas.

— Et moi, fit-elle, que suis-je donc?

— Vous, lui dis-je, d'une voix non moins dédaigneuse que la sienne, vous, vous êtes la Lorenzina...

Elle tressaillit à ce nom.

— La Lorenzina, continuai-je, une mendiante de Rome qui est venu chercher fortune à Naples, et que j'ai rencontrée hier sous les piliers du palais Barbieri.

Elle pâlit, la fière comtesse, et son œil étincela.

— Cesserez-vous bientôt, me dit-elle, cette détestable plaisanterie.

— Où voyez-vous là une plaisanterie?

— Mais vous savez mieux que personne...

— Que vous êtes la Lorenzina, oui, m'écriai-je, la Lorenzina, une mendiante fille de gentilhomme, qui devait hériter de son père en partageant avec une sœur...

La pâleur de la comtesse augmenta, je touchais juste.

— Une sœur riche et titrée, poursuivis-je, la comtesse Barbieri que voilà.

— Mais la comtesse c'est moi !

— Du tout, la comtesse, la voici.

— Et mon père n'a jamais eu deux filles !

— Pardon, la première était la comtesse, la seconde la Lorenzina. La Lorenzina c'est vous, vous à qui votre sœur fit voler par des bandits...

— Assez ! monsieur, s'écria-t-elle hors d'elle-même, vous m'insultez.

— Une bague et un parchemin, achevai-je avec calme.

— Oh ! fit-elle, ne se modérant plus,

ceci est faux ! Ce n'est pas moi qui ai fait voler la bague et le parchemin et j'ai mis tout en œuvre pour découvrir ma sœur.

Un cri échappa à Lorenzina.

— Ah ! fit-elle, vous l'avouez donc ?

— Pourquoi le nierais-je, répondit la comtesse dont la colère se calma soudain. Oui vous êtes ma sœur, et dès aujourd'hui...

Lorenzina l'interrompit aussitôt d'un geste hautain.

— Lorenzina la mendiante, lui dit-elle, moi la comtesse Barbieri je ne te connais pas !

La vraie comtesse frissonna et me jeta un regard éperdu.

— Ah! me dit-elle, vous êtes un lâche!

— Moi?

— Et c'est un piége infâme!

— Pardon, lui dis-je tout bas, vous savez que je vous aime?

A ces mots elle leva son éventail pour m'en frapper.

— Hé! Lorenzina, lui dis-je, pas de ces plaisanteries qui sentent le carrefour, s'il te plaît.

Puis m'adressant à la fausse comtesse :

— Contessina, lui dis-je, venez, le roi nous attend.

La Lorenzina s'inclina à demi et vint prendre ma main.

La comtesse Barbieri fut prise alors d'un de ces accès de colère comme, seules, les femmes en peuvent ressentir.

Elle se précipita vers celle qui usurpait ainsi son nom et voulut la frapper aussi en l'appelant : vile mendiante !

Je l'arrêtai. Elle ne put parvenir jusqu'à elle, et j'eus le courage d'ajouter :

— Ma pauvre Lorenzina, modérez-vous donc, vous manquez de respect à madame la comtesse Barbieri.

— Oh! c'en est trop, exclama-t-elle, et je me vengerai!

Nous haussâmes les épaules tous deux.

— Et je cours chez le roi...

Elle fit un pas vers la porte, mais cette porte s'ouvrit et le juif notre commun fournisseur, se montra sur le seuil.

— On ne sort pas, dit-il.

— Prisonnière!

— Sans doute, répondis-je, jusqu'à ce que le roi ait décidé sur le sort d'une aventurière qui usurpe le nom de la comtesse Barbieri. Venez, comtesse.

Et j'entraînai Lorenzina, tandis que la vraie comtesse se laissait tomber foudroyée sur son siége.

— Maître drôle, dis-je au juif tout bas, mais de façon à être entendu de la comtesse, si cette femme fait tapage tu la feras garrotter et descendre dans les caves. Dans le cas contraire, elle restera ici et tu la feras servir comme une reine.

Nous sortîmes, Lorenzina et moi, laissant la contessina à la garde du juif.

Je fis monter la mendiante dans le

carrosse où, naguère, la comtesse était près de moi, et, en route, je lui fis sa leçon. Elle devait, devant le roi, me traiter avec un certain mépris et refuser positivement ma main, afin d'être complétement dans son rôle de comtesse Barbieri.

Nous arrivâmes; le roi mon cousin, reçut la fausse comtesse avec une courtoisie qui me prouva tout l'intérêt qu'il me portait, il la fit asseoir et demeura debout devant elle.

— Contessina, lui dit-il; voici mon cousin, mon vrai cousin, le marquis della Strada.

— Ah! dit Lorenzina, pénétrée de l'esprit de son rôle, je ne fais point compliment de cette parenté à Votre Majesté.

— Vous êtes sévère, contessina.

— Nullement, sire.

— Et puisque mon cousin vous aime...

— Sire, je ne puis souffrir les menaces.

— Ah ! dit le roi en riant, il vous a donc menacée ?

— Il m'a juré que je l'aimerais.

— Eh bien ! aimez-le...

— Sire, me hâtai-je d'interrompre, je vous remercie de votre bon vouloir, mais le temps n'est point venu encore où la comtesse m'aimera. Je tenais simplement à ce que vous lui affirmiez votre parenté. Comtesse, j'ai mon bras à vos ordres.

Lorenzina fit un profond salut au roi et nous sortîmes.

Il était alors cinq heures, la chaleur tombait, il y avait foule sur la piazza, et foule élégante. Tout le monde me vit donner la main à la contessina — du moins à celle qu'on prenait pour elle — monter en sa compagnie dans le même carrosse et causer nonchalamment, comme s'entretiennent de nouveaux époux ou deux fiancés prêts à l'être.

Il y avait parmi les gentilhommes qui saluèrent la fausse comtesse, plusieurs des adorateurs de la véritable, tous s'y trompèrent. On me jeta des regards d'envie, et ceux que j'avais ruinés, la veille, prétendirent que je faisais de leurs écus un usage bien impertinent.

Je conduisis Lorenzina à l'hôtel Barbieri, après une longue promenade par les rues, si bien qu'il était presque nuit lorsqu'elle entra dans sa nouvelle résidence.

La ressemblance entre les deux sœurs était si parfaite, que les valets de la contessinà s'y trompèrent, comme le roi, comme les gentilshommes s'y étaient trompés. Cependant, d'après mon conseil, Lorenzina que je laissai à la porte du palais, réunit, le soir même, les serviteurs de la comtesse et leur dit :

— Je vais me marier, mon futur époux a une maison bien tenue, je n'ai nul besoin de serviteurs, je vous renvoie avec une année de vos gages à titre de gratification.

Le lendemain la nouvelle comtesse avait remplacé le personnel tout entier de sa maison.

Pendant que Lorenzina s'installait au

palais Barbieri, j'étais rentré chez moi, j'y avais trouvé la vraie comtesse fidèlement gardée par le juif.

La fière veuve s'était renfermée en un dédaigneux silence, elle était demeurée auprès du juif sans lui adresser un mot, un regard ou un geste, attendant mon retour, sans doute, pour éclater.

En entrant, je l'allai saluer et lui baisai galamment la main, elle ne la retira point et me dit :

— Savez-vous que vous êtes un homme bien ingénieux.

— Vous êtes trop bonne, contessina.

— Et, vraiment, je crois que je finirai par vous aimer tout de bon.

— J'y compte, signora.

— Ah ! en vérité ?

— Sans nul doute.

Elle laissa échapper un éclat de rire moqueur.

— Vous êtes d'une impudence à toute épreuve, me dit-elle, et cependant, oh ! tenez, pour le mal que vous essayez de me faire, je vous dois bien cet aveu, — et cependant, vous ne connaissez point le cœur des femmes.

— Vous croyez, signora ?

— On n'obtient absolument rien des femmes par la violence, cher, absolument rien, je vous jure; comment voulez-vous que j'aime jamais mon geôlier ?

— Je le suis si peu...

— Qu'avez-vous fait de cette femme ?

— Elle est chez elle... au palais Barbieri.

— Eh bien ! tenez, me dit-elle d'une voix caressante, vous m'avez outragée, voulez-vous mériter votre pardon ?

— Que faut-il faire ?

— Donnez-moi votre bras, allons

chez moi, j'en chasserai cette impudente...

— Et après ? interrompis-je.

— Après ? Eh bien !...

Elle hésita.

— Après ? insistai-je.

— Après j'essaierai d'oublier le passé et de me faire à l'idée que je serai votre femme un jour.

— Ce n'est point cela, contessina, lui dis-je, il y a un moyen beaucoup plus simple et surtout plus prompt de faire notre paix.

— Ah ! et lequel ?

— Il est neuf heures, à minuit on se marie... Un sourire glacé effleura ses lèvres. Je poursuivis :

— Une chapelle est attenante au palais où nous sommes; je vais faire prévenir un chanoine de la paroisse voisine. La contessina m'écoutait avec recueillement et ne songea point à m'interrompre.

— Si vous le voulez bien, continuai-je, en attendant que minuit sonne, nous souperons joyeusement, je meurs de faim; puis, à minuit, nous irons nous agenouiller dévotement devant le maître-autel, nous y recevrons la bénédiction nuptiale et nous rentrerons au palais

Barbieri d'où nous expulserons Lorenzina la mendiante. Un nouvel éclat de rire s'échappa des lèvres de la comtesse.

— Marquis, me dit-elle, vous êtes un sot, si vous avez pu croire un moment à la réalisation de ce beau projet, je préférerais mille fois mourir ici, à votre merci, dans l'isolement et l'obscurité.

Et, cette fois, ne se modérant plus, mettant bas le masque de résignation apparente dont elle s'était couverte, la contessina me jeta son éventail au visage en me disant :

— Vous êtes un lâche !

Je ramassai froidement l'éventail.

— Madame, lui dis-je en le lui présentant, je me suis juré que vous m'aimeriez, vous m'aimerez, et vous ne rentrerez, je vous l'affirme, au palais Barbieri que marquise della Strada.

— J'accepte le défi, répondit-elle, et nous verrons qui de nous deux se lassera, vous de supporter mon dédain, moi d'être votre prisonnière. Je sais bien que si j'essayais de fuir, vous me tueriez; soyez tranquille, votre stylet ne quittera point sa gaîne. Marquis, veuillez donc me faire servir à souper. Je me précipitai vers le gland d'une sonnette, et je le secouai violemment, puis je retournai à la comtesse :

— Madame, lui dis-je, puis-je espérer que vous serez assez bonne pour ne point m'exposer à faire usage de ce stylet, par quelque parole imprudente que vous pourriez adresser à mes gens?

— Je vous en donne ma parole, fit-elle.

Je m'inclinai, mes gens entrèrent, le souper fut servi.

La comtesse congédia les laquais d'un geste impérieux, se mit à table, et me dit avec son infernal sourire :

— Ne vous nommez-vous pas Pedrino?

— Oui, madame.

— Vous étiez lazzarone, je crois?

— Vous avez raison, signora.

— Et je crois vous avoir offert l'hospitalité, quand vous n'aviez ni feu ni lieu.

— En effet, j'ai passé une nuit sous le péristyle du palais Barbieri.

— Eh bien! en ce cas, vous me devez quelque reconnaissance, je suppose, et pour me la prouver...

— Que dois-je faire?

— Veuillez donc me servir à table.

Je me mordis les lèvres, mais j'étais patient et j'obéis.

Le lendemain, on me vit dans les promenades publiques, en carrosse avec la Lorenzina que tout le monde continua à prendre pour la comtesse Barbieri; et le bruit de notre prochain mariage se répandit rapidement.

Le soir, je me glissai le long des murs, enveloppé dans mon manteau, mais de façon à être remarqué, le long du mur qui clôturait le jardin du palais Barbieri, et l'on me vit entrer furtivement par une petite porte, à l'aide d'une clé que j'avais sur moi. Les jours suivants, je recommençai le même manége, ayant soin de tenir minutieusement la vraie comtesse au courant de ma conduite et des bruits de la ville. Elle m'écoutait froidement, demeurait impassible et se contentait de répondre :

— Quand [vous serez las, je saurai bien montrer à Naples toute entière que la comtesse Barbieri ne s'est jamais compromise aeec un lazzarone. Au jour, j'entrai dans la chambre de la comtesse de meilleure heure, elle s'en étonna.

— Encore vous! fit-elle avec humeur.

— Signora, lui dis-je, je donne ce soir à souper à tout ce que Naples a de jeunes fous.

— Ces gens là, à ce qu'il paraît, répondit-elle, aiment la mauvaise compagnie.

— Soit. Le souper aura lieu dans la pièce voisine. Je vais faire percer ici un trou dans le mur. Au moyen de ce trou, vous pourrez voir tout ce qui s'y passera.

— Je vous remercie de l'attention.

— Maintenant choisissez : ou vous me donnerez votre parole que pas un mot, pas un cri ne trahira votre présence, quoi qu'il arrive et que vous puissiez voir, ou je placerai auprès de vous un homme qui sera chargé de vous tuer au moindre geste imprudent qui vous échappera.

— Je n'aime pas le contact des gens mal famés, répondit-elle, c'est déjà bien assez d'avoir à endurer votre compagnie et vos visites, je vous donne ma parole que je serai immobile et muette.

Je m'inclinai et sortis.

A onze heure du soir, le trou était percé, et mes convives entouraient une table chargée d'un festin somptueux, de vins exquis, de fleurs exotiques, de corbeilles de fruits. Parmi eux se trouvaient mes adversaires malheureux dont l'or m'avait fait riche.

— Savez-vous, signor marchese, me dit l'Espagnol dont j'avais acheté le palais, savez-vous que vous êtes le gentilhomme le plus insolemment heureux d'Espagne et d'Italie.

— Comment l'entendez-vous ?

— Mais n'êtes-vous pas... comment

dirai-je?... la comtesse Barbieri ne vous a-t-elle point remarqué?

— Ah! fis-je négligemment, vous appelez cela du bonheur?

— Sans doute, s'écria-t-on avec feu,

— Et vous l'épouserez, n'est-ce pas?

— Moi? nullement.

On se récria.

— Messeigneurs, poursuivis-je, on dit la comtesse fort belle, c'est possible, mais je ne m'en soucie presque plus.

— Allons donc!

— Tenez, je l'ai priée à souper.

— Oh! la ravissante idée!

— Et vous lui pouvez faire tous la cour, je ne m'en fâcherai pas.

—Signor marchese, me dit l'Espagnol, vous avez l'humeur spirituelle et je vous trouve plaisant de nous donner une autorisation aussi inutile.

— Pourquoi cela?

—Parceque, mon gentilhomme, il peut se faire que la contessina ait pour vous quelques faiblesses, mais elle n'aura jamais celle de venir ici chez vous, à pareille heure, assister à un repas de jeunes fous.

Je ne répondis à l'Espagnol que par un sourire, et tout à coup, la porte s'ouvrit a deux battants, et un laquais annonça:

— La comtesse Barbieri!

Les convives étonnés se levèrent à demi et Lorenzina parut. Elle entra fière et superbe, salua tout le monde et vint mettre un baiser sur mon front, avant de s'asseoir à ma droite.

La stupéfaction générale fut mise à son comble par ce dernier trait. La fausse comtesse, durant le souper, fut charmante d'esprit, de verve, d'entrain. La dévote veuve du palais Barbieri qui écoutait pieusement, sur un coussin de brocard, les interminables sermons des prédicateurs génovéfains avait disparu, restait la Barbieri, la plus délicieuse maîtresse qu'il se pût trouver.

— Messeigneurs, dit-elle, au moment où le souper tirait à sa fin, je vous prie à la messe nuptiale qui sera célébrée prochainement.

— C'est parfaitement inutile, interrompis-je aussitôt : j'ai changé d'avis, je ne t'épouserai point, contessina.

Elle me regarda stupéfaite :

— Qu'est-ce à dire? balbutia-t-elle.

— Que j'ai réfléchi.

Elle me regarda avec une feinte colère.

— Ma chère enfant, lui dis-je d'un ton cavalier, savez-vous pourquoi j'ai renoncé à vous épouser ?

Elle parut attendre, l'œil étincelant,

que je daignasse compléter ma pensée ;

— Parce que la clé du jardin que vous m'avez confiée est rouillée,—achevai-je froidement.

La Lorenzina se leva en jouant une vive indignation, elle prit le bras de l'Espagnol et sortit en me disant :

— Nous nous reverrons !

Quand mes convives furent partis, j'entrai dans la chambre où j'avais laissé la vraie comtesse. La signora Barbieri était évanouie.

La contessina, sans doute, n'avait perdu ni un détail de l'orgie, ni un mot chappé aux convives. Elle avait dû écouter avec anxiété et une sorte d'avidité sauvage les propos légers tenus par Lorenzina et les compliments hardis qu'elle s'attirait. Ce n'avait été, vraisemblablement, qu'à la fin, lorsque j'avais répondu si insolemment ces mots « la clé du jardin est rouillée » qu'elle s'était évanouie de honte, de colère et de douleur.

Je ne jugeai point nécessaire de sonner et d'appeler mes gens pour donner des soins à ma prisonnière. Je lui fis, moi-même, respirer des sels, et puis je mis un baiser sur son front. Ce baiser la galvanisa, elle se redressa d'un jet, ouvrit les yeux, m'aperçut, et son visage revêtit une telle expression d'horreur et de dégoût, qu'involontairement je reculai.

— Toujours vous! me dit-elle avec une sourde colère.

— Fallait-il vous laisser en cet état, signora?

— Je crois, *per bacco!* fit-elle indignée, et oubliant qu'une contessina dévote ne jure jamais, je crois que vous m'avez embrassée... tenez, il m'a semblé que quelque chose de fétide et de froid m'a effleuré le visage. Je ne répondis pas.

Elle se jeta sur un siége et me considéra avec attention :

— Dites donc, Pedrino, me dit-elle avec hauteur, vous vous avisez donc d'entrer chez moi par la porte du jardin?

— Hélas! madame, il ne tenait qu'à vous que j'entrasse par le péristyle.

— Là n'est point la question. Et lorsqu'aux yeux de Naples entière vous passez pour l'amant, le fiancé de la comtesse Barbieri, vous un misérable lazzarone, vous osez décliner insolemment l'honneur d'accepter sa main.

— Peuh! dis-je avec calme, la Lorenzina n'est, après tout, qu'une mendiante.

— Mais cette Lorenzina, aux yeux de tous, c'est la comtesse Barbieri...

— Eh bien ! répondis-je, qu'est-ce que la comtesse Barbieri au demeurant?

— C'est une femme sans cœur, sans croyance, sans foi ; une hypocrite qui s'agenouille dévotement dans les églises et fait voler une bague et un parchemin pour ne point partager une immense fortune ; un être pétri d'orgueil et de marbre devant lequel j'ai vainement incliné ma jeunesse, mon audace et ma force ; pour lequel j'eusse conquis le monde, et qui m'a repoussé avec un rire de mépris, parce que j'avais été pauvre et déguenillé.

Elle m'interrompit vivement :

— Vous mentez, dit-elle, ce n'est point là le motif qui m'a fait vous dédaigner. Votre audace seule vous a perdu.

— Ah! lui dis-je avec amertume, c'est parce que vous voyant si loin de moi, j'ai osé vous dire « je comblerai le vide qui nous sépare » que vous m'avez pris en haine; — c'est parce que vous avez compris que j'étais pétri du levain des hommes forts, que vous avez eu honte et terreur de moi?

— Les femmes aiment qu'on les prie, répondit-elle froidement.

Et elle se tût.

Sa physionomie exprimait un mélange

de colère et de douleur, d'ironie et de sombre amertume ; j'en fus touché et m'agenouillai :

— Contessina, murmurai-je, je suis un misérable et un fou, voulez-vous oublier mon infâme conduite, rentrez chez vous d'où je chasserai la Lorenzina et... Elle m'interrompit :

— Prenez garde, si je rentre chez moi, si j'en chasse la Lorenzina, je convoquerai sur l'heure toute la noblesse napolitaine et je vous accuserai publiquement, sans ménagements et sans merci. Naples entier saura sur-le-champ qu'il est un lâche du nom de Pedrino, un lazzarone affublé d'un pourpoint et d'un nom de gentilhomme. A mon tour, je l'interrompis d'un geste de colère :

— Naples ne saura rien, m'écriai-je, ou plutôt le roi saura, dès demain, que le marquis della Strada avait fait rencontre d'une mendiante qui ressemblait à la comtesse Barbieri, que cette mendiante a paru à son souper, et qu'elle est sortie avec lui...

— Aurez-vous le courage d'une telle franchise ?

— Attendez donc, madame, attendez... et que cette femme, cette mendiante qu'on prend pour la belle et vertueuse comtesse, est cachée chez le marquis della Strada, chez Pedrino le lazzarone, si vous le préférez. Elle poussa un cri :

— Oh ! je vous devine ! fit-elle.

— Peut-être... alors le roi ordonnera que cette aventurière soit enfermée en quelque couvent solitaire des Abruzzes ou des Apennins, et la comtesse Barbieri pourra désormais vivre en paix et sans crainte qu'abusant d'une ressemblance étrange, une mendiante compromette son honneur et sa vertu.

J'avais dit tout cela froidement, avec l'accent ferme et résolu d'un homme qui ne reculera devant aucune extrémité ; je vis une pâleur mortelle se répandre sur les traits de la comtesse, un tremblement convulsif s'emparer de tous ses membres, et ce fut d'une voix mal assurée qu'elle me dit :

— J'ai eu tort de vous haïr, vous étiez un de ces hommes énergiquement trempés qu'admirent les femmes. A ces mots je me sentis vaincu et je me jetai à ses genoux.

— Oh! lui dis-je, cette parole efface tout, sortez, madame, vous êtes libre, partez et déshonorez-moi, si bon vous semble! je ne me plaindrai pas.

Cette femme était étrange. Mon humilité lui rendait tout son orgueil, tout son dédain glacé. Elle se releva d'un jet, me toisa du regard et s'écria :

— Moi accepter ma liberté de vous? moi vous devoir le moyen de rétablir sauf mon honneur? plutôt mourir! hé! Pedrino le lazzarone, continua-t-elle avec son sourire de démon, quand donc le roi fera-t-il conduire au couvent la vraie comtesse Barbieri?

— Demain, répondis-je.

— Eh bien! demain, tu peux y compter, le carrosse qui m'emportera rebroussera chemin bientôt, car l'officier de sbires dont je serai la prisonnière ne se méprendra point, comme tes convivès, à la vraie comtesse, et il la saura distinguer de Lorenzina la mendiante.

— Ainsi donc, murmurai-je avec tristesse, vous voulez absolument la guerre, quand je vous offre la paix, et la paix sans conditions?

— Oui, fit-elle avec un courroux superbe, je veux la guerre! car je te hais, Pedrino, et je veux te traîner jusqu'à la roue du bourreau, tôt ou tard.

Et pour me prouver, une fois de plus, la violence de sa haine, elle retira son gant et me le lança au visage. Je ramassai le gant, le baisai et sortis en riant. A mon tour, je haïssais profondément la contessina.

La Lorenzina, par mon ordre, se présenta, dès le jour suivant au lever du roi.

Le roi l'accueillit avec un sourire tout paternel :

— Bonjour, comtesse, lui dit-il, je devine le but de votre visite!

— Votre Majesté pourrait se tromper.

— Pueh! fit confidentiellement le monarque, Naples n'est, à vrai dire, qu'un grand village, et on y jase...

La Lorenzina, à ces mots, crut devoir prendre une attitude digne et sévère :

— Et quand on jase, sire, que dit-on?

— On dit que les dédains de la comtesse Barbieri pour le marquis della Strada s'adoucissent...

— Ah!

— On va même plus loin, on prétend...

— Que prétend-on, sire?

— On prétend que le marquis sort parfois avec elle dans le même carrosse.

— Et puis, sire? insista la Lorenzina avec un accent glacé qui étonna le roi.

— Et puis, ma toute belle, il en est qui vont jusqu'à jurer avoir vu le marquis...

Le roi s'arrêta.

— Le marquis entrer, le soir, au palais Barbieri, acheva froidement la Lorenzina, par une porte du jardin dont il possède la clé...

Un sourire du roi avertit Lorenzina qu'elle avait complété sa pensée.

Lorenzina était une comédienne habile, car son visage exprima aussitôt une violente indignation :

— Eh bien! sire, s'écria-t-elle, puisque vous savez tout, vous aurez bientôt appris le but de ma visite. La femme qui sort avec le marquis della Strada, ce n'est pas moi!

Le roi fit un soubresaut.

— Par un de ces hasards étranges, inexplicables, poursuivit la Lorenzina, il s'est trouvé dans les rues de Naples, un soir, une mendiante qui me ressemblait traits pour traits, cette mendiante, Pedrino le lazzarone s'en est emparé, il l'a vêtue comme moi, il a osé la présenter sous mon nom à une orgie de jeunes gens...

— Que dites-vous, comtesse? fit le roi stupéfait.

— La vérité, sire, faites entourer le palais du marquis, qu'on le fouille, et vous verrez s'il ne se trouve point chez lui une femme qui me ressemble si étrangement que tout Naples s'y est trompé.

— Mais cette clé du jardin? fit le roi.

— Cette clé, sire, le marquis l'a achetée à mes gens qui le reçoivent dans les serres et l'y abritent jusqu'au matin.

— Madame, dit gravement le roi, je vais m'enquérir de la vérité, et vous jure que s'il y a lieu, justice sera faite.

La Lorenzina sortit en se confondant en actions de grâces. Le roi me manda sur l'heure.

— J'en apprends de belles, me dit-il.

— Je pris une physionomie candide.

— Et je sais maintenant, poursuivit-il, à quoi m'en tenir sur tes bonnes fortunes auprès de la comtesse Barbieri.

Je feignis la confusion ;

— Qoi! murmurai-je, Votre Majesté sait la mauvaise plaisanterie...

— Pedrino, mon bel ami, me dit le roi sévèrement, qui perd paye; le vin est tiré, il faut le boire. Où est cette certaine mendiante qui ressemble si fort à la comtesse.

— Chez moi, sire.

— Je la veux voir.

— Dois-je l'amener à Votre Majesté?

— Non, je préfère me rendre chez toi incognito, ce soir, à la brune. Tu sauras ce que j'ai décidé dans ma profonde sagesse et quel châtiment je te réserve.

Je m'en allai tout intrigué chez la

Lorenzina et lui demandai si le roi lui avait laisé entrevoir sa résolution. Elle ne savait absolument rien. Je rentrai chez moi et me rendis auprès de la comtesse Barbieri :

— Signora, lui dis-je, le roi vous fera visite ce soir.

— Ah! dit-elle avec joie, j'aurai enfin justice! à nous deux, donc, Pedrino.

— Il me paraît difficile, repartis-je avez un éclat de rire, que le roi fasse justice à tout le monde.

— Que voulez-vous dire?

— Que la comtesse Barbieri, l'autre, vous savez, est allée se jeter à ses pieds et le supplier de la délivrer d'une aventurière, d'une mendiante qui usurpe son nom...

— J'avais prévu cela, dit-elle avec calme, mais le roi est clairvoyant, il verra qui de nous deux...

— Pardieu! m'écriai-je en riant, il est difficile que le roi ne reconnaisse point en vous l'aventurière, car il a vu la vraie comtesse deux fois, et elle m'a traité avec un dédain, un mépris dont vous eussiez été jalouse...

La comtesse ne daigna point me répondre elle se mit à fredonner un air de tarentelle et me tourna le dos.

Le soir, à dix heures, le roi arriva, suivi seulement d'un capitaine de ses gardes.

Je reçus mon noble cousin avec des façons de grand seigneur qui lui plurent.

— Quel dommage, me dit-il, qu'un aussi mauvais sujet ait un si bel air.

— Il faut bien être de la famille de Votre Majesté d'une façon ou d'une autre, répondis-je avec une impertinence respectueuse.

— Où est cette femme ? demanda-t-il ?

J'appelai mes gens.

— Qu'on prévienne, dis-je, la contessina Barbieri.

— Encore cette mauvaise plaisanterie? fit le roi.

— Ce n'est point une plaisanterie, sire, s'écria la comtesse en entrant et se mettant aux genoux du roi. Pedrino le lazzarone vous a dit la vérité, sire, e suis bien la contesse Barbieri.

Le roi se prit à rire :

— Ma petite, lui dit-il, je vois que l'on ne m'a point trompé, vous jouez merveilleusement à la grande dame.

— Sire; je vous jure...

Le roi haussa imperceptiblement les épaules.

— Savez-vous, mon enfant, lui dit-il

avec bonté, que la comtesse Barbieri, pas vous, la véritable, est d'une vieille et noble race napolitaine?

— Je connais mieux que personne, sire, l'origine de mes aïeux.

— Elle y tient, murmura le roi qui me regarda en riant.

Puis il reprit d'un ton plus sévère :

— Et savez-vous bien qu'insulter la comtesse, c'est insulter la noblesse napolitaine.

— Je le sais, sire.

— Et qu'insulter la noblesse, c'est outrager le roi !

— Vous avez raison, sire, et c'est au nom de mes aïeux...

— Encore! fit le roi impatienté, de grâce, mademoiselle, cessons ce jeu.

La comtesse éperdue et glacée se tût.

— Or, poursuivit le roi, en usurpant le nom de la comtesse Barbieri vous avez encouru un châtiment sévère, le fouet en place publique pour le moins...

La comtesse frissonna et voulut parler. Le roi lui imposa silence.

— Mais, reprit le monarque, je serai plus indulgent, car vous êtes jeune et vous avez été entraînée à jouer ce détestable rôle par mon étourdi de cousin qui, lui, sera puni comme il le mérite.

L'accent du roi était sévère, je commençai à craindre d'être allé trop loin et je fus sur le point de me jeter aux pieds de Sa Majesté et de lui avouer la vérité pleine et entière.

— Ça, continua-t-il, Pedrino, mon ami, je te l'ai dit ce matin, qui perd paye, et quand le vin est tiré, il faut le boire. Il t'a plu de faire croire à la ville de Naples que la contessina Barbieri était indulgente pour toi, alors que tu n'obtenais que les faveurs d'une mendiante, il faut épouser cette mendiante...

Je tressaillis de joie, la comtesse poussa un cri et voulut se précipiter de nouveau aux genoux du roi.

Il l'écarta et ajouta :

— Mon chapelain va venir, à minuit il célébrera une messe nuptiale et demain je ferai afficher et publier à son de trompe par la ville et les faubourgs que le marquis della Strada a épousé Lorenzina, une Romaine qui ressemble à la comtesse Barbieri.

La comtesse n'en put entendre davantage, elle s'affaissa sur elle-même et s'évanouit.

— Bon ! dis-je au roi d'un air piteux, voici que la joie va la tuer. C'est mon unique chance de salut.

Vous le voyez. Je jouais mon rôle consciencieusement.

— Sire, repris-je, savez-vous bien que votre loi est dure.

— Peut-être, mais elle est inflexible.

Je fis une grimace significative, puis feignant un retour philosophique sur moi-même :

— Après tout, ajoutai-je, c'est une assez belle fille, et si Votre Majesté daignait...

— La doter? fit-il joyeusement, qu'à cela ne tienne. Mon trésorier vous viendra saluer dès-demain. En attendant, mon maître prends soin de ta femme, tu n'as plus qu'une heure pour lui faire la cour. Mon capitaine des gardes et moi serons tes témoins, et nous allons faire allumer les cierges à la chapelle.

Et le roi sortit, me laissant seul avec la comtesse. Elle revint à elle presque aussitôt; mais, cette fois, elle n'avait plus l'œil étincelant et la lèvre dédaigneuse; elle était pâle, suppliante, et elle se mit presque à mes genoux :

— Monsieur, me dit-elle, n'aurez-vous pas quelque pitié de moi?..

—Comment l'entendez-vous, madame?

— Ne direz-vous point au roi la vérité, et souffrirez-vous, qu'à ses yeux, je sois cette abominable fille...

— Bon! fis-je avec un éclat de rire moqueur, c'est-à-dire que vous me demandez de dire au roi : je ne suis qu'un misérable, soyez donc assez bon pour obliger la signora Barbieri en m'envoyant rouer par le bourreau en place publique.

Elle me prit par la main :

— Vous vous trompez, me dit-elle, je demanderai votre grâce.

— Hé! que m'importerait ma grâce? vous savez bien que je vous aime et vous hais tout à la fois et que je mourrais, si pareille chose arrivait, de douleur de ne vous point avoir de honte en vous devant la vie.

Un dernier éclair de colère passa dans ses yeux :

— Eh bien ! me dit-elle, moi aussi je vous aime et je vous hais, et si vous ne m'eussiez menacée, je vous aurais enlacé de mes bras.

Un cri m'échappa :

— Dites-vous vrai ?

— Je vous le jure. Et tenez...

Sa voix trembla, elle serra ma main...

— Tenez, reprit-elle, si vous avouez tout au roi, là, tout à l'heure, eh bien ! je ne vous haïrai plus...

Un nuage passa sur mon front :

— Et alors ? demandai-je tout ému.

— Eh bien! fit-elle avec un sourire, il n'y aura rien de changé. Les cierges de la chapelle continueront à brûler, le chapelain montera à l'autel et dira la messe, et...

Je me précipitai à ses genoux.

— Vous êtes un ange! m'écriai-je, et le roi va tout savoir...

Mais soudain un soupçon terrible passa dans mon esprit et me donna le vertige.

— C'est un piége! me pris-je à songer.

Et comme le roi entrait, en ce moment, elle se leva et me dit tout bas:

— Eh bien! parlez, parlez donc!

— Non, répondis-je, non, pas à présent.

— Et pourquoi?

— Pourquoi? fis-je hésitant encore, eh bien! parce que vous êtes un démon et que...

— Je t'aime... murmura-t-elle d'une voix enchanteresse.

— Non, non, lui dis-je, après la messe.

Et je l'entraînai à la chapelle, où elle me suivit avec la roideur d'un automate, on eut dit qu'elle était foudroyée.

Elle s'agenouilla près de moi et me dit d'une voix brisée :

— Vous avez douté de moi, douter d'une femme qui vous aime, c'est la tuer!

Je frissonnai, mais il était trop tard, le prêtre montait à l'autel.

Quand le moment vint d'aller nous agenouiller devant lui, je pris la main de la comtesse :

— Venez! lui dis-je.

Elle ne me répondit pas.

Je l'attirai à moi et soudain... Oh! je n'oublierai ce moment de ma vie, soudain je poussai un cri terrible! la comtesse était courbée sur elle-même, dans l'attitude de la prière et du recueillement, mais elle ne priait point...

Elle était morte !

Elle s'était enfoncée au cœur un petit stylet à manche de nacre qu'elle portait toujours sur elle! elle n'avait pas voulu être ma femme!

La duchesse de Valseranges et Blümmen avaient écouté le marquis della Strada avec ce recueillement profond, cette âcre curiosité que les femmes déploient chaque fois qu'il s'agit pour elles d'un drame où les passions ont le rôle principal.

— Blümmen, peut-être, avait bien, de loin en loin, détourné ses regards du narrateur pour les reporter sur le baron, qui, la tête dans ses mains, le front pâle et nuageux, était retombé dans sa sombre rêverie; mais elle n'avait pas perdu un mot du bizare récit.

Quant à la duchesse, elle était tout yeux et tout oreilles, et le marquis avait, en quelques minutes, grandi à ses yeux de toute la hauteur d'une volonté de fer. Chose étrange! ce que la femme admire le plus chez l'homme, c'est la force, la force raisonnée ou non, l'énergie loyale ou inique, peu importe!

Le marquis s'était arrêté un moment, courbant le front sans doute, à ce poignant souvenir; un silence profond régnait autour de lui, et ce silence eût pu se prolonger longtemps encore, si l'impatiente duchesse ne se fût écriée :

— Mais savez-vous, monsieur, que voilà une affreuse et lamentable histoire?

— Hélas! madame!

— Une histoire où vous avez un rôle odieux !

Le marquis la regarda froidement :

— En quoi, madame ?

— Vous me le demandez ? mais vous avez tué cette femme.

— C'est vrai...

La duchesse le regarda d'un air qui

signifiait : « Vous trouvez donc que tuer une femme est chose naturelle? »

Le marquis comprit et poursuivit :

— J'ai tué la contesina, mais l'ai-je tuée en doutant d'elle? Etait-elle sincère en m'engageant à tout avouer? ou bien l'horreur que je lui inspirais, le désespoir qui s'emparait d'elle à la pensée que désormais elle ne pouvait plus m'échapper, la poussaient-ils à me tendre un dernier piége dont l'insuccès détermina son suicide? C'est là ce que nul ne saura, ce que je chercherais vainement à éclaircir.

— Elle était sincère, dit la duchesse.

— Peut-être.... mais, au moment où le roi parut, je surpris dans ses yeux un éclair de joie qui me fit croire à la duplicité. — Et pourtant, ajouta le marquis, Dieu m'est témoin que je l'aimais...

— Etrange amour!

— Vous avez raison, madame, l'amour

que j'avais pour cette femme était étrange, et les moyens dont je m'étais servi pour le lui prouver étaient plus étranges encore. Mais elle m'avait outragé, foulé aux pieds, elle m'avait frappé deux fois de son éventail, me jetant un défi, m'offrant une lutte, et j'avais relevé l'un et accepté l'autre. Elle avait fait un appel à mon orgueil et à mon audace; je m'étais servi de l'un et de l'autre, et si j'échouais si près du but, c'est que les vues secrètes de la Providence sont impénétrables.

« Eh bien ! madame, jusqu'à sa mort

j'avais aimé la contesina avec la tête autant qu'avec le cœur ; quand elle ne fut plus qu'un cadavre, le désespoir immense, la douleur sans bornes qui s'emparèrent de moi me prouvèrent que ma vie était à tout jamais enchaînée à cet être inanimé, et que je l'aimerais au-delà de la tombe...

» Au cri qui m'échappa, le roi accourut et recula comme j'avais reculé. La mort avait été instantanée, et le visage de la comtesse était calme, comme si elle eût dormi du plus paisible des sommeils...

» Le stylet était entré jusqu'au manche, et un sang rose, vermeil, en découlait goutte à goutte, tombant sur les dalles avec une sorte de clapotement qui faisait mal à entendre.

» Oh! alors je ne songeai plus à dissimuler, à tromper le roi, à m'excuser; tandis que je couvrais de baisers ma chère contesina, j'avouai tout, réclamant le supplice des criminels comme un bienfait et une délivrance.

» Le roi m'écouta avec moins de colère que de commisération.

» — Ainsi donc, me dit-il, cette femme qui, deux fois, est venue à moi, était Lorenzina la mendiante?

» — Oui, balbutiai-je.

» — Et Naples entière a vu en elle la comtesse Barbieri?

» — Oui, sire.

» — Eh bien! reprit le roi, de deux choses l'une : ou c'est la comtesse Barbieri qui est morte, et alors il faut que sa mort soit vengée et que son meurtrier courbe la tête sous la hache du bourreau...

» — Je suis prêt, sire.

» — Ou bien la comtesse n'est point morte, elle habite son palais comme à l'ordinaire, et elle va se marier avec le marquis della Strada qui l'a follement compromise.

» Je frissonnai.

» — Sire, m'écriai-je, vous ne comprenez donc pas combien je l'aimais... et vous ne songez pas qu'une autre femme...

» — Je comprends tout, dit le roi; mais épouser une femme n'oblige point à l'aimer. Tu épouseras la Lorenzina, aux yeux de tous, en plein jour, et puis vous partirez, vous quitterez Naples pour voyager, vous irez en France, en Allemagne, partout où bon vous semblera, et si vous voulez alors vous séparer, nul ne s'y opposera, j'en suis sûr.

» Je courbai le front et me tus.

» — Nul, si ce n'est nous, poursuivit le roi, ne connaît l'existenec de cette mendiante dont tu as fait une comtesse Barbieri ; nul, si ce n'est nous, ne saura que la véritable contesina est morte, car nous allons la faire enterrer dans le jardin du palais, cette nuit même. C'est donc une funèbre histoire entre nous et qu'il est inutile de raconter à âme qui vive. Demain on annoncera ton mariage avec la comtesse Barbieri.

—

» Le jour suivant, à la cathédrale, Lorenzina et moi nous fûmes unis, et le soir une chaise de poste nous emporta hors de Naples.

» Nous allâmes d'abord à Rome. C'était l'époque de la semaine sainte : la ville éternelle était en fête ; ses rues jonchées de fleurs, ses maisons pavoisées, sa population joyeuse et les folies de ses fantoccini ne purent écarter de mon front ce sombre nuage de tristesse que la mort de la contesina y avait répandu.

» Et cependant, pour celui qui ignorait la substitution de la mendiante à la signora, la Lorenzina était une ravissante créature ; cette fille des rues sentait sa noble origine. Sa métamorphose s'était opérée sans secousse, et c'était merveille de la voir se renverser nonchalamment, le soir, au Corso, sur les coussins de son carrosse; poser, le matin, au balcon de son palais pour voir passer les mascarades ou la procession *del Bambino*, et répéter à la sortie des théâtres, avec une méthode parfaite, les airs d'opéra qu'elle y avait entendus.

» Parfois je me faisais illusion à ce point que j'oubliais le sombre drame de Naples, et ne voyais plus en elle que la contesina, cette contesina que j'avais aimée si ardemment, que j'avais tenue morte dans mes bras; et alors elle semblait me deviner, et, pour prolonger ce mensonge qui me procurait le calme et l'oubli au moins pour quelques instants, elle prenait ce ton dédaigneux, ces allures superbes de la comtesse Barbieri, et me disait :

» — Hé! Pédrino le lazzarone, dormais-tu bien sur la dalle froide et dure de mon palais ?

» Si je tressaillais, elle ajoutait :

» — C'est inconcevable que moi, la comtesse Barbieri, une femme de qualité de haute naissance, j'aie pu me laisser aller jusqu'à aimer quelques heures un pauvre lazzarone comme toi...

» Mais, hélas! quelle est l'illusion qui ne se brise, le rêve qui n'ait son réveil, le voile qui ne finisse par tomber?... Il venait un moment où, malgré les efforts de la pauvre fille, la contesina disparaissait et faisait place à la mendiante, et alors je la repoussais en lui disant :

» — Va-t-en, Lorenzina, laisse-moi seul...

» Elle s'en allait triste et soumise, et lorsqu'elle revenait l'accès de douleur était passé.

» Lorenzina m'aimait, je l'avais deviné; mais que pouvait son amour contre ma douleur? Sa vue ne pouvait que réveiller mes souvenirs, et, pour une heure d'illusion, me faire endurer de longs jours de souffrance. Je lui dis, un soir, un mois après notre union :

» — Lorenzina, nous allons nous séparer.

» — Que dites-vous, signor! fit-elle en pâlissant.

» — Mon enfant, répondis-je avec bonté, tu es aux yeux du monde la comtesse Barbieri, marquise della Strada; ces deux noms t'assureront en tout lieu le respect et la considération de la foule : que t'importe ma triste destinée? laisse-moi courir, essayer de me distraire, d'oublier.

» — Laissez-moi errer avec vous et vous suivre... supplia-t-elle.

» — Non, tu as assez souffert déjà.

» — Mais je vous aime ! s'écria-t-elle avec un accent dont la vérité m'émut profondément.

» Et elle me prit la main et la porta à ses lèvres.

» Je portai la main à mon front, comme si j'eusse voulu chasser, pour un moment du moins, le fantôme de la contesina, mais il se dressa implacable entre la pauvre fille et moi, et je lui répondis en la repoussant durement :

« — Et moi, je ne t'aime pas!

» Et je sortis hors de moi et m'élançai dans la rue pour respirer l'air de la nuit; j'étouffais.

» J'errai plusieurs heures à travers Rome, de rue en rue et de carrefour en carrefour ; j'arrivai au Colysée, et j'entrai dans la ruine immense qu'un rayon de lune filtrant à travers les arceaux écroulés à demi éclairait çà et là.

» Assis sur un pan de mur, deux hommes, deux jeunes gens causaient à mi-voix.

» La brèche par laquelle j'avais pénétré dans l'édifice se trouvait dans l'ombre, tandis que le mur qui leur servait de siége était éclairé en plein par la lune.

» L'un des jeunes gens portait une robe de moine, l'autre les vêtements mondains d'un gentilhomme ; tous deux se ressemblaient assez pour qu'on devinât qu'ils étaient frères. Cette différence de costume piqua ma curiosité. Je me glissai près d'eux à bas bruit, et, me tenant toujours dans l'ombre, je pus écouter ce qu'ils disaient.

» Quelques mots me suffirent pour deviner leur histoire. Ils étaient frères, ils avaient aimé tous deux la même femme ; cette femme, par un événement que je ne pus connaître, mais sombre et terrible, selon toute apparence, leur avait été enlevée; — et alors, l'un s'était réfugié dans un cloître pour y vivre avec sa douleur, tandis que l'autre continuait à suivre le courant de la vie mondaine, passant à travers la foule avec sa douleur au front.

» Et celui-là, au moment où je m'approchai d'eux, parlait ainsi :

» — Tu ne sais donc pas, Matto, que

celui qui pleure dans l'ombre, sous les murs froids et tristes d'un monastère, est moins fort que celui qui passe en riant sur la place publique, alors que son cœur est saignant? Et crois-tu que la vie humaine soit chose si longue et si monotone que tout soit fini pour elle lorsqu'elle s'est heurtée à quelque grand amour qui s'est brisé du choc? — Va, frère, tandis que tu te prosternes, la nuit, sur les dalles humides de la chapelle et que tu penses à elle au lieu de prier, moi je cours les rues, travesti, le rire et une chanson aux lèvres; c'est une façon de porter mon deuil qui vaut mieux que la tienne. — Si l'on n'aime qu'une fois saintement en ce monde, est-ce à dire que les amours profanes soient interdits à ceux qui ont soif d'ivresse et d'oubli ? — Et parce qu'*elle* est à jamais perdue pour nous, devons-nous cheminer dans la vie sans prendre garde au rayon de soleil qui glisse sous les treilles mûres, à l'éclat des bougies d'un bal, au parfum du falerne qui monte à la tête et du la-cryma-christi qui fait enfanter des vers à ceux mêmes qui ne sont point poètes? La vie est courte, faisons-la bruyante : c'est le seul moyen d'oublier . . . . .

» Je n'en voulus point entendre davantage, je m'enfuis et regagnai le palais où nous étions descendus. Une révolution s'était opérée en moi : je voulais vivre et m'étourdir.

» J'appelai Lorenzina, je voulais lui dire : « Désormais, je vais essayer de t'aimer ; nous irons par le monde chercher, à défaut de bonheur, le bruit et le plaisir... »

» Mais Lorenzina était partie, elle avait quitté le palais pour se réfugier

dans une *locanda*, et jamais je ne la revis...
Elle était morte carmélite !

» Je rencontrai huit jours après une courtisane célèbre, la Lupe, comtesse par le bon vouloir d'un cardinal ; elle était belle et rieuse, nous enchaînâmes momentanément nos existences vagabondes, et voilà comment je suis arrivé à Paris avec elle. »

— Et, demanda la duchesse, vous avez oublié la contesina ?

— Je ne l'oublierai jamais, répondit le marquis, et ma plaie saigne encore...

La duchesse, spontanément, lui tendit la main. Il la baisa galamment et ajouta :

— Mais les paroles du frère du moine m'ont servi de ligne de conduite ; je fuis la solitude, je cherche le plaisir, et je prends ce que la vie a de bon, amours faciles, vins généreux, frais ombrages et rayons de soleil. La douleur est un champ stérile : on l'ensemence avec des larmes, et il ne produit jamais rien...

CHAPITRE SEIZIÈME

XVI

Aux dernières paroles de l'Italien, le baron releva soudain la tête.

— Vous avez raison, monsieur, lui dit-il, et heureux celui qui peut lutter ainsi avec la douleur, la fouler aux pieds, et s'abandonner au tourbillon de la vie !

— Monsieur, répondit le marquis, vouloir c'est presque toujours pouvoir. Que faut-il pour éclaircir l'horizon de la vie, si sombre, si nébuleux qu'il soit? Un rayon de soleil, c'est-à-dire un sourire de femme.

— Taisez-vous, monsieur, dit vivement le baron, au nom du ciel, taisez-vous ! je serais capable d'espérer encore, et l'espoir n'est plus fait pour moi !

Et le baron regarda Blümmen.

Blümmen troublée s'écria étourdiment.

— L'espérance ne meurt qu'avec la vie !

— Pour ceux qui ont la force de vivre, soupira le baron en lui baisant la main.

Blümmen dégagea sa main en rougissant.

— M. Della Strada ne vient-il pas de

vous dire : *Vouloir c'est pouvoir ?...* murmura-t-elle.

Puis, comme si elle eût enfin compris combien, en ce moment, elle se trahissait par ces généreuses paroles, elle se tut brusquement et regarda la pendule de la cheminée qui marquait trois heures.

En même temps, la duchesse, qui avait trouvé la conclusion du marquis fort peu de son goût, lui disait :

— Elle était donc bien belle, cette comtesse Barbieri?

— Presque autant que vous, madame.

— Fi! le mot est de Leicester, marquis; ce fut à peu près ce qu'il répondit à la reine Élisabeth à propos de Marie Stuart.

Le marquis se mordit les lèvres.

— Vous savez, madame, dit-il négligemment, que la femme qu'on aime est belle entre toutes...

— Alors elle l'était plus que moi.

— Qui sait! fit-il en lui baisant la main, comme le baron avait baisé celle de Blümmen.

La duchesse retira sa main, et s'efforçant de sourire :

— Il est probable que, si vous m'aimiez, je le serais plus qu'elle.

— Hélas! madame, murmura le marquis, je n'ose interroger mon cœur; c'est un abîme et un volcan, et le feu rugit encore sous la cendre.

— Voici, dit la duchesse d'un ton moitié dépité, moitié rieur, une phrase qui sent son Vésuve. Marquis, vous êtes sous l'influence du souvenir; la patrie absente colore votre langage.

La duchesse rougissait moins aisément que Blümmen, mais elle était peut-être tout aussi troublée, et, comme elle, elle jeta les yeux sur la pendule.

— Dieu ! qu'il est tard ! fit elle.

Le baron se leva.

— Madame, dit-il, je sais combien le mystérieux, même lorsqu'il est expliqué, impressionne l'imagination des femmes, et surtout quand il est accompagné de récits aussi tristes que l'histoire du marquis et la mienne. Je crois qu'en pareille situation d'esprit, la solitude nocturne enfante mille terreurs, mille rêves, et je vous ai fait préparer le même appartement.

— Ah! merci! dit Blümmen qui redoutait un vague danger.

La duchesse se leva et prit le bras du marquis; le baron sonna ses gens : deux des silencieux et mornes valets parurent tenant à la main des flambeaux.

Le marquis et le baron conduisirent les deux femmes jusqu'au seuil de leur appartement.

— Madame, dit alors ce dernier à la duchesse, je ne sais quel est le but de votre voyage, et j'ignore si votre temps vous appartient; mais vous me pardonnerez, n'est-ce pas, si je vous supplie de passer la journée prochaine sous mon toit? Il y a si longtemps que je vis triste et seul...

La duchesse hésita, Blümmen rougit. Le marquis dit tout bas à la duchesse :

— C'est une bonne action à faire.

— Soit, répondit-elle.

Ils s'inclinèrent tous deux et laissèrent la duchesse et Blümmen s'enfermer prudemment chez elles.

CHAPITRE DIX-SEPTIÈME

XVII

—

Demeurées seules, les deux femmes n'osèrent d'abord ni lever les yeux l'une sur l'autre, ni s'adresser la plus banale des questions, On eût dit qu'elles étaient honteuses toutes deux des secrètes pensées qui les agitaient simultanément depuis quelques heures.

Blümmen, assise sur son lit, rêvait, la tête dans ses mains; la duchesse, à l'autre extrémité de la chambre, pelotonnée dans un grand fauteuil, en tressait distraitement les longues tresses de soie.

Ce silence et cette confusion ne pouvaient cependant éternellement durer, et la duchesse, plus hardie, le rompit la première.

Or, il arrive souvent, surtout quand il

s'agit d'amour, que les plus coupables commencent par accuser, de peur d'être placés eux-mêmes et tout d'abord sur la sellette.

Ce fut précisément ce que fit la duchesse. Mais elle eut en vain recours à toutes les ruses de la diplomatie féminine. Blümmen résista à toutes ses attaques, et la força bientôt de se défendre elle-même en l'attaquant avec ses propres armes.

Les deux jeunes femmes en vinrent

enfin à un franc aveu, et, effrayées du sentiment qui s'était, presque à leur insu, glissé dans leur cœur, elles passèrent le reste de la nuit à faire des projets de sagesse et de vertu. Elles se jurèrent mutuellement de fuir le lendemain ce castel maudit. Mais, hélas! elles s'endormirent au matin, et, quand le réveil arriva, il était midi; le baron et son hôte étaient partis pour la chasse au sanglier, et la première exclamation de nos héroïnes, qui voulaient à tout prix triompher de leur cœur, fut celle-ci :

— Ah! mon Dieu! pourvu qu'il ne

ne leur arrive pas malheur! Cette chasse est si dangereuse!

Et elles demandèrent des chevaux et un guide pour rejoindre la chasse.

De partir, il n'en était plus question.

CHAPITRE DIX-HUITIÈME

XVIII

Le castel du baron était situé sur une hauteur qui dominait deux paysages d'aspect différent. Au nord, c'est-à-dire sur la route de Paris, celle que nos voyageurs avaient suivie la veille, l'œil n'embrassait au loin que de vastes plaines uniformes, coupées de prairies, de vignobles et de guérets, et semées çà et là d'un village aux toits aplatis. Au sud, au contraire, s'étendait une succession de collines boisées, de vallons étroits et sauvages, au fond desquels grondaient des torrents. C'étaient les frontières de cette petite Suisse du centre de la France qu'on nomme le Morvan.

Là, le vigneron cédait la place au chasseur, le son du cor remplaçait le tintement monotone de la clochette des troupeaux, le sanglier, le daim et le cerf y buvaient seuls aux fontaines des clairières.

Les collines bien qu'assez élevées, n'avaient point le majestueux aspect des Alpes, mais elles étaient couvertes d'une épaisse chevelure de pins rabougris et de chênes-liéges; les gorges en étaient solitaires d'aspect, et, la nuit le voyageur attardé, si insouciant qu'il pût être, s'y fût signé avec terreur.

C'était la que le baron avait ordonné qu'on fît le bois, et il y avait conduit son hôte dès le point du jour.

Une fanfare lointaine et les aboiements plus lointains encore de la meute guidèrent bientôt la duchesse et Blümmen, qui galopaient à travers monts et vaux pour rejoindre les chasseurs.

Elles jugèrent même inutile de se faire indiquer plus longtemps la route à suivre, et elles congédièrent leur guide.

La journée était belle, mais chaude, et à l'horizon courait une bande de nuages gris qui promettaient un prochain orage.

En quittant les deux amazones, leur guide le leur fit observer et les engagea même à rebrousser chemin; — mais la duchesse avait conservé son esprit et ses instincts chevaleresques elle ne s'effrayait point pour si peu, et elle poussa son cheval en avant.

D'ailleurs, à une demi-lieue au sud retentissaient les fanfares des deux chasseurs, et à l'époque de notre récit, c'est-à-dire sous Louis XV le Bien-Aimé, la vénerie avait de trop fervents adeptes pour que les femmes elles-mêmes ne se laissassent point enthousiasmer par les sons d'une trompe de chasse au point de tout braver.

Dans les pays de montagnes, il est un phénomène qui se renouvelle fréquemment. Il arrive qu'un bruit quelconque, entendu d'abord dans une direction déterminée, se rapproche insensiblement, renvoyé par des échos multipliés, puis s'éloigne, se rapproche encore, et finit par retentir en même temps au nord et au midi, à l'est et à l'ouest, sans qu'il soit permis désormais de distinguer la note première de la note répétée. Dans certaines contrées où l'on chasse encore aux chiens courants, les veneurs qui, après avoir perdu la chasse, entendent la trompe de leur piqueur de plusieurs côtés à la fois, et sont indécis sur la route qu'ils suivront, appellent cela *perdre leurs bas,* pittoresque expression également appliquée au pointer qui, malgré son arrêt tenace, ne peut parvenir à faire lever le gibier.

Ce phénomène se produisit pour la duchesse et Blümmen, à un certain moment où elles se trouvèrent engagées dans une gorge assez profonde, qui se bifurquait tout à coup en deux vallées plus sauvages et plus resserrées encore, dont l'une s'enfonçait à l'est, tandis que l'autre courait vers l'ouest en détours nombreux.

Les deux femmes s'arrêtèrent alors et se regardèrent avec indécision.

— C'est par là, dit la duchesse.

Et du bout de sa cravache elle indiqua la vallée de l'ouest.

—Mais non, dit Blümmen, c'est par là, je vous assure.

— Du tout! je sais bien ce qu'il en est.

— Et moi aussi, soupira Blümmen : nous sommes fourvoyées.

— Je le sais, cependant la fanfare qui vient de l'ouest est plus retentissante que celle qui vient de l'est.

— Ceci n'est pas une raison.

— Par exemple !

— Non, chère amie, insista Blümmen ; je suis Hongroise et je connais la vénerie, Dieu merci !

— Peuh ! fit la duchesse avec dépit, on sait ce que sont les chasses en Hongrie.

— Elles valent vos chasses de France, répondit l'Allemande blessée et d'un ton d'aigreur.

— Vos chiens et vos chevaux sont passables, reprit la duchesse, mais les chasses sont mal dirigées. Les Hongrois, les Polonais et les Russes sont de la même famille : ce sont des barbares qui ne comprendront jamais rien à l'art de la vénerie. Pour être veneur, il faut être un peuple noble comme la France ou l'Angleterre, et les Slaves ne sont que des parvenus.

Nous ne savons ce qu'eût répondu Blümmen, dans l'œil de laquelle passa un éclair de colère, si un éclair et une nouvelle fanfare se produisant simultanément n'eussent rejeté les deux femmes dans leur indécision première, en même temps qu'elles se trouvaient averties de la proximité de l'orage; car tandis qu'elles couraient, le ciel s'était voilé peu à peu et le soleil avait disparu.

La duchesse, qui voulait avoir raison quand même, poussa son cheval vers l'ouest en lui appliquant un vigoureux coup de cravache, tandis que Blümmen, au lieu de suivre son exemple, s'obstinant à son tour, s'élançait au galop dans le vallon opposé.

CHAPITRE DIX-NEUVIÈME

XIX

Comme il nous est impossible, malgré nos priviléges de conteur, de les suivre toutes deux en même temps, nous allons abandonner un moment Blümmen pour courir sur les traces de la duchesse, qui, s'inquiétant peu d'être ou non suivie, galopait avec ardeur vers ce but que la fanfare paraissait rendre fantastique.

Le vallon était bien le lieu le plus sauvage que la nature eût inventé et où les trouvères du moyen-âge auraient fait passer à minuit, le samedi, les plus hideuses vieilles du canton, à cheval sur le diable déguisé en bouc qui les conduisait au sabbat. Au fond, un torrent roulant avec un bruit de tonnerre sur des cailloux et des quartiers de roche, à droite et à gauche une montagne à pic, dont les sapins murmuraient et frémissaient sourdement, comme s'ils eussent pressenti l'arrivée prochaine de l'orage ; en avant, en arrière, point d'horizon ! La vallée faisait tant de contours, que ni son issue ni son ouverture n'apparaissaient jamais, aussitôt qu'on était engagé dans ses replis.

Le ciel se couvrait, la foudre brillait de loin en loin, déchirant la voûte grise des nuages ; le torrent grondait, la fanfare continuait à retentir vers l'ouest avec une bruyante harmonie, et, un moment, la duchesse eût peur de tout ce fracas. De larges gouttes de pluie commençaient à tomber, dans peu la tempête éclaterait avec violence, et pas un abri, pas une cabane de bûcheron ; rien que les sapins qui attirent la foudre et n'accordent la protection de leurs branches touffues qu'au prix d'un péril plus grand qu'un déluge d'eau.

Mais la fanfare allait toujours son train, la trompe du veneur sonnait toujours ses *bien-aller*, et tout à coup il sembla à la duchesse que les sons se rapprochaient d'elle et venaient pour ainsi dire à sa rencontre ; puis aux *bien-aller* se mêlèrent soudain les aboiements lointains de la meute, et madame de Valseranges commença à respirer. Son angoisse diminuait, elle était sûre de ne s'être point trompée, et l'orage lui importait peu maintenant, car il était probable que le baron trouverait une retraite convenable dans les environs.

Quant à Blümmen, il nous faut avouer que la duchesse ne songea point à elle un seul instant : était-ce indifférence? était-ce bien plutôt une conséquence du trouble et de l'angoisse qu'elle venait d'éprouver? La fanfare et les voix de la meute approchaient toujours ; bientôt elles retentirent avec une précision telle, que la duchesse ne douta plus de voir apparaître la chasse au premier coude de la gorge.

Et la gorge s'enserrait de plus en plus, et il vint un moment où le cheval de madame de Valseranges foula un sentier rocailleux assez étroit pour que deux cavaliers n'y pussent passer de front, et ce sentier se trouva borné à gauche par la montagne entièrement à pic en cet endroit, à droite par le torrent qui rugissait à plusieurs pieds en dessous.

Et en ce moment-là encore, les voix

de la meute se firent entendre si près,
que la duchesse arrêta brusquement sa
monture, et tout aussitôt apparut la bête
de chasse au premier coude de la vallée.
— C'était une laie de haute taille, mai-
gre et haute sur jambes, noire et roussâ-
tre par bandes rayées. Elle arrivait le
poil hérissé, l'œil sanglant, ses boutoirs
bordés d'écume. Elle arrivait sur la duchesse tête baissée, aveugle et étourdie
par les chiens qui la suivaient à vingt
pas, et le sentier était si étroit que madame de Valseranges ne pouvait raison-
nablement songer à se ranger pour la
laisser passer.

La jeune femme, malgré sa témérité et son audace ordinaires, ne put se défendre d'un mouvement de terreur qui la paralysa pendant trois secondes; mais à la quatrième, le sangfroid lui revint, et tandis que son cheval se cabrait frissonnant sous elle, elle porta la main à ses fontes et en retira un pistolet qu'elle arma avec précision.

Puis elle attendit.

En cet instant, derrière les chiens, mais plus loin, à quatre cents pas, apparurent le baron et le marquis arrivant au galop, mais ne prévoyant point le drame qui se préparait.

La duchesse attendit que la laie ne fût plus qu'à vingt pas, l'ajusta froidement ensuite et fit feu.

Un nuage de fumée obscurcit une seconde la vue de la duchesse, puis ce nuage s'évanouit, et madame de Valseranges interdite aperçut la laie qui continuait sa route sur elle en doublant son trot rapide.

Elle l'avait ajustée à la tête, et la balle déviant n'avait fait que déchirer l'oreille droite de l'animal, que la douleur rendait furieux, et qui hâtait sa marche pour attaquer son téméraire agresseur.

La duchesse jeta le pistolet fumant, prit le second, l'arma avec le même calme, ajusta plus longtemps, attendit encore, et lorsque son cheval, ivre de terreur, put sentir l'haleine embrasée du monstre, elle pressa la détente.

La laie bondit sur elle-même, poussa un grognement de souffrance, retomba sur ses pieds et avança encore.

Cette fois, la duchesse comprit qu'elle

était perdue ; sa deuxième balle avait effleuré la mâchoire de la laie sans blesser mortellement l'animal, et celui-ci continua à avancer, l'écume aux lèvres, — cette écume rougie, de blanche qu'elle était naguère, — et tout à coup le cheval de madame de Valseranges hennit de douleur, se cabra et tomba à la renverse, atteint au poitrail par les boutoirs de la laie.

A partir de cet instant, la duchesse, renversée sous sa monture, sentit sa raison s'égarer et crut faire un horrible rêve.

Elle vit le monstre fouiller avec furie et l'œil en feu les entrailles pantelantes du cheval, puis, abandonnant cette première victime, venir à elle et s'arrêter une seconde pour reprendre haleine, et comme s'il eût voulu ménager les sombres péripéties de sa vengeance...

La jeune femme poussa un cri de suprême angoisse et s'évanouit au moment où le souffle rugueux et fétide de la laie lui fouettait le visage.

Mais, en ce moment aussi, un éclair qui ne venait point du ciel, un éclair brilla à dix pas, une balle siffla, et le sanglier s'affaissa sur lui-même, inerte, sans pousser un dernier grognement.

En même temps, sa carabine fumante à la main, le marquis s'élançait vers la duchesse, la dégageait et la prenait dans ses bras, laissant échapper une exclamation de triomphe. Ce cri, cette secousse, les hurlements des chiens accourus sur le sanglier, tout cela fit revenir à elle madame de Valseranges, qui se vit dans les bras de son libérateur et en présence du baron.

— Sauvée! fit-elle dans un premier élan de joie suprême.

— Par moi, madame, répondit modestement le marquis Della Strada.

Elle le regarda avec des yeux encore égarés, et le trouva si calme, si froid, si héroïquement humble, qu'une rougeur subite remplaça sur ses joues la pâleur mortelle qui les couvrait.

— Oh! j'ai eu bien peur, murmura-t-elle naïvement.

— Et moi aussi, fit-il d'une voix qui s'altéra soudain.

— Vous?

Il lui pressa les deux mains, car il les

tenait encore dans les siennes, et il murmura tout bas :

— Oui, car je vous ai crue perdue.

Elle baissa les yeux et se tut.

— Mais comment êtes-vous ici, madame? demanda le baron.

— Comment? balbutia la duchesse; je ne sais... madame de Morangis et moi, nous avons voulu voir la chasse.

— Eh bien?

— Et nous sommes parties toutes deux.

— Elle aussi! fit le baron tressaillant.

— Elle aussi, et elle m'a quittée.

— Est-elle retournée au château?

— Non, elle a pris une autre route.

— Comment cela?

— Ah! dit la duchesse, à qui, le danger passé, revenait son humeur enjouée, figurez-vous qu'à un certain endroit où la vallée se bifurque en sens opposé, nous avons entendu votre fanfare des deux côtés à la fois.

— L'écho, murmura le baron.

— Et madame de Morangis, dit le marquis, a pris l'autre route?

— Mon Dieu, oui! elle soutenait ne point se tromper.

Un coup de tonnerre interrompit la duchesse.

— Baron, dit M. Della Strada, savez-vous que nous allons nous mouiller? Je ne vois et n'ai vu habitation humaine depuis trois heures.

— Tenez, dit le baron en étendant la

main et indiquant un sentier qui grimpait au flanc rapide de la montagne, prenez ce chemin, portez madame, car il il lui serait impossible d'y marcher, et suivez-le jusqu'au moment où il s'enfoncera sous les sapins ; à trente pas plus loin, vous trouverez une grotte spacieuse où vous serez à l'abri.

— Il serait plus simple, observa le marquis, que vous nous montrassiez le chemin vous-même.

— Moi, répondit le baron en sautant en selle, je vais à la recherche de madame de Morangis. La vallée qu'elle a prise est tout aussi sauvage, tout aussi déserte que celle où nous sommes, et par le temps qu'il va faire...

Le baron n'acheva point sa phrase et partit au galop.

— Ah! mon Dieu! songea étourdiment la duchesse, s'il la retrouve, ils seront seuls. Pauvre Blümmen! elle a le cœur si faible...

La duchesse oubliait qu'elle se trouvait dans une situation parfaitement analogue, ou peut-être comptait-elle plus sur elle-même que sur Blümmen.

Le marquis attacha son cheval à un arbre, fouetta ses chiens qui comprirent qu'on les chassait, et qui s'enfuirent traînant après eux les lambeaux du sanglier qu'ils avaient mis en pièces; puis il dit à madame de Valseranges :

— Voulez-vous que je vous porte, duchesse?

Elle hésita et rougit encore.

— Non, dit-elle, je marcherai.

— Le sentier est dur.

— J'ai le pied montagnard...

Il se prit à rire.

— Et où diable avez-vous pu l'acquérir, duchesse? Est-ce à Versailles ou à Choisy?

— Je suis allée en Hongrie, marquis.

— Ah! dit le marquis tressaillant, vous êtes allée en Hongrie?

— Il l'a bien fallu pour en amener mon mari...

— Par exemple! fit le marquis, dont la voix se nuança d'une pointe d'ironie, je voudrais bien savoir si ce qu'on m'a conté à Rome est vrai.

— Quoi donc? demanda la duchesse, qui, appuyée sur le bras de son cavalier, grimpait avec peine l'ardu sentier.

— Que les gentilshommes hongrois étaient des voleurs de grands chemins.

La duchesse tressaillit à son tour : le drame entier de la tour des Gerfauts et de l'Adlers-Nest passa dans son souvenir. Elle devint pensive.

— Je crois qu'on m'a fait un conte, poursuivit le marquis.

— C'est selon... murmura la duchesse.

— Bah ! que me dites-vous là !

— Et si je vous disais l'histoire de mon mariage...

— Je vous en serais reconnaissant, duchesse ; ce doit être le roman à l'eau de rose le plus joli.

— C'est une tragédie fort noire, au contraire.

— Vraiment! vous m'intriguez...

Tandis que le marquis prononçait ces dernières paroles, ils arrivaient tous deux à l'entrée de la grotte, et un second coup de tonnerre déterminait l'orage.

Le marquis étendit son manteau sur un monceau de bruyères sèches qui étaient au fond de la grotte, posa sa carabine dans un coin et revint à la duchesse.

— Voici, dit-il, un lieu merveilleux pour ouïr des contes, madame ; asseyez-vous sur ce sofa improvisé. Rien ne dispose à conter comme une pluie battante. Voyez plutôt celle-là.

Le marquis, à ces mots, s'approcha de l'orifice de la grotte et murmura à part lui, en contemplant le rideau de pluie qui s'étendait sur le vallon :

— L'oncle Samuel avait bien raison, en disant que *tout vient à point à qui sait attendre.* Cette fois-ci, j'espère, la petite marquise ne m'échappera pas, et Blümmen va refaire connaissance avec son cousin Conradin.

CHAPITRE VINGTIÈME

XX

Revenons à Blümmen.

Blümmen, tournant le dos à la duchesse et guidée par l'écho trompeur, s'enfonça dans la gorge de l'est, qui ressemblait fort à l'autre et que nous nous dispenserons de décrire.

Pendant vingt minutes, la jeune Allemande crut être dans la bonne voie et ne cessa d'espérer que bientôt elle aurait rejoint la chasse. Il lui semblait que la fanfare approchait, approchait toujours, puis soudain elle l'entendit tout près d'elle, au nord, puis au midi, puis devant elle, et cependant rien n'apparut.

Alors, d'un regard rapide, interrogeant les flancs noirs des montagnes, elle aperçut une masse de roches gigantesques qui décrivaient une sorte de fer à cheval autour d'elles et des flancs gris desquelles la fanfare paraissait sortir.

Dès lors l'erreur n'était plus possible, et Blümmen fut obligée de reconnaître que l'écho seul l'avait guidée et que la duchesse avait raison.

Mais l'orage arrivait, les éclairs se succédaient rapides, flamboyants; la pluie s'annonçait par de larges gouttes tièdes, et Blümmen songea qu'elle n'aurait point le temps de rejoindre la chasse, et que mieux vaudrait pour elle continuer sa route et chercher un abri. Elle pressa son cheval et poussa en avant.

La poésie des montagnes impressionne toujours vivement les rêveuses filles de Germanie. En se revoyant dans un vallon désert, par un temps d'orage, Blümmen crut revoir les bruyères grises de sa Hongrie bien-aimée, elle oublia plus encore la duchesse et le chevalier, et se reporta aux jours de son enfance où elle errait en liberté, presque toujours seule, à travers ravins et forêts, montant un de ces fantastiques chevaux hongrois qu'un poète allemand a prétendu être nés de l'accouplement du feu et de la bise.

La pluie tombait, peu lui importait; les éclairs déchiraient le ciel, elle s'inclinait souriante et écoutait avec une âpre volupté le cri effrayé des oiseaux des bois, qui se réfugiaient dans les anfractuosités des rocs. Tout à coup le galop d'un cheval retentit derrière elle, en même temps qu'une voix l'appelait. Elle se retourna et aperçut le baron accourant bride abattue.

Elle s'arrêta court, et le baron la rejoignit.

— Où courez-vous donc, madame? lui dit-il.

Comme la veille, Blümmen sentit son cœur battre au bruit de cette voix triste et grave, et elle répondit troublée :

— J'ai été étourdie et entêtée.

— Je le sais, dit-il en souriant, et vous allez en être punie, car nous sommes loin de tout refuge; il nous faut une heure pour rejoindre le marquis et madame de Valseranges, que j'ai laissés dans une grotte.

— Seuls? demanda-t-elle à peu près comme la duchesse s'était dit : Pauvre Blümmen !

— Dame! répondit le baron, il fallait bien courir après vous, ce me semble.

— Et il nous faut une heure pour les rejoindre?

— Au moins.

— Et plus près, il n'y a aucune maison?

— Aucune.

— Point de grotte?

— Pas l'ombre. Mais si, au lieu de rebrousser chemin, nous poussons en avant, nous trouverons dans dix minutes la vallée fermée par un lac, et au-delà du lac, qui n'a qu'un quart de lieue de longueur, une ferme qui m'appartient et dépend du château.

— Mais comment traverser ce lac?

— Il y a un bateau amarré de ce côté-ci.

— Et vous le conduirez?

— Aussi habilement que personne.

— Eh bien! dit Blümmen, poussons en avant alors.

Et elle fouetta son cheval, moins pour ne pas perdre un temps précieux que pour donner le change à l'insurmontable émotion qu'elle éprouvait en se sentant seule avec cet homme vers lequel l'attirait une irrésistible sympathie.

Ils se remirent en route, galopant côte à côte, et le chemin était si étroit, que les deux chevaux se touchaient, et que les boucles dénouées de la chevelure noire de Blümmen effleuraient parfois le front du baron.

— Quel temps affreux il va faire! dit tout à coup celui-ci.

— J'aime ces spectacles grandioses de la nature en courroux, répondit Blümmen.

— Et moi, soupira le baron, je les aimais naguère.

Elle le regarda étonnée.

— Pourquoi, dit la jeune femme, n'aimez-vous plus ces scènes imposantes?

— Je les aimais, continua le baron répondant indirectement à la question de Blümmen, je les aimais quand mon âme était désolée et morne...

Blümmen tressaillit et son cœur battit plus fort.

— Je les aimais, poursuivit-il, lorsque mon cœur brisé renonçait aux joies de la vie pour appeler la mort à son aide. Alors la colère des éléments me paraissait sourire à la colère désespérée de mon âme, et il me semblait qu'un commun désespoir nous réunissait. Mais aujourd'hui je me suis repris à aimer la vie, le printemps, les sourires du soleil, l'ombre des bois, les fleurs des champs. Vous ne sauriez croire, madame, avec quelle volupté secrète je suis monté à cheval ce matin pour courre un sanglier, moi qui ne chassais plus depuis si longtemps; avec quelle bonne humeur du maître satisfait j'ai examiné la tenue irréprochable de mon équipage qui se rouillait au chenil; comme j'ai embouché avec joie, une heure plus tard, une trompe depuis bien des mois suspendue à côté de ma carabine et de mon esturgeon... Oh! je ne veux pas mourir à présent, acheva le baron avec enthousiasme, et les fêtes que je donnerai désormais dans mon château ne seront plus pour moi seul...

— Ah! murmura Blümmen émue,

vous avez donc compris la philosophie du marquis?

— Mieux que cela, madame, dit-il tout bas en passant son bras sous la taille de Blümmen, je me suis repris à aimer.

— Monsieur.... fit-elle rougissante en se dégageant.

— Venez, dit-il, et mettons pied à terre : voici le lac et la barque.

En effet, les deux montagnes qui enserraient la vallée venaient de s'écarter brusquement, et tout à coup, le sol venant à manquer avait fait place à une étroite plate-forme de rochers dont le flot du lac rongeait la base.

Ce lac, ainsi que l'avait dit le baron, était de peu d'étendue, mais il était plus long que large, et il fallait précisément le traverser dans toute sa longueur pour arriver à une maison à toiture de chaume, à murs argilés, qui n'était autre chose que la ferme annoncée.

Des collines assez élevées pour jouer aux montagnes entouraient le lac de toutes parts, excepté du côté de la ferme où semblait recommencer une autre vallée non moins âpre et non moins profonde que celle qu'abandonnait la mélancolique Blümmen.

Au pied des montagnes, aucun vestige d'habitation humaine. Satan eût rêvé un pareil site pour y tenir assemblée de démons, y construire un château et noyer ensuite dans le lac les voyageurs assez téméraires pour y accepter l'hospitalité.

La couleur terne et sombre du ciel se reflétait dans l'eau, et le lac, qu'agitaient les premières rafales du vent d'orage semblait rouler au rivage des vagues de plomb.

Blümmen s'arrêta interdite, dominée par la sublime et poignante austérité du coup d'œil.

— Dieu! s'écria-t-elle avec une terreur secrète, que c'est beau et que c'est triste! J'ai peur... et j'ai froid.

— Le baron sourit, et étendant la main :

— Là-bas, dit-il en montrant la ferme

vous vous réchaufferez à un feu de sarments, et les bonnes figures de mes métayers, madame, vous prouveront que le site le plus sauvage est dépourvu de tout péril réel. Rassurez-vous : il n'y a ici ni sorciers, ni bandits, ni fées, ni revenants.

— Oh! murmura Blümmen qui paraissait en proie à de sinistres pressentiments, j'aime encore mieux cette vallée où nous galopions tout à l'heure.

— Pourquoi?

— J'ai peur du lac.

— Quelle plaisanterie! Tenez, voilà la barque, le flot est tranquille encore ; en nous hâtant, nous serons au port avant un quart d'heure.

Et le baron montra la barque, qui était amarrée dans une anfractuosité du roc.

C'était un petit canot à quille d'une exiguité étrange : il avait dix ou douze pieds de longueur à peine de son arrière à son avant, et cependant au besoin, il portait trois mâts. Ce jour-là, cependant, il n'avait qu'un mât de misaine sur lequel le baron ajusta soudain une grande vergue ; puis, élevant la main, il sembla interroger la direction du vent.

— Nous aurons le vent debout, murmura-t-il enfin, tandis que Blümmen, à bas de son cheval, s'était assise sur le roc, pâle et tremblante. Heureusement il sera assez fort, poursuivit-il, pour que nous filions un bon nœud, et je vous placerai de manière, madame, que la toile de ma misaine vous garantisse de la pluie.

— Mon Dieu! murmurait Blümmen, comme cette barque est petite!

— Aussi file-t-elle en conséquence.

— Si nous allions chavirer... reprit elle.

— Je vous réponds du contraire, dit-il avec calme.

Et, après avoir crocheté la barre comme il avait ajusté la vergue, le baron sauta sur le roc et dit à Blümmen :

— Venez, madame, que je vous fasse asseoir avant de démarrer mon canot.

— Mais les chevaux, qu'allons-nous en faire? demanda-t-elle de plus en plus effrayée? nous ne pouvons les laisser ici.

— Bah ! répondit la baron, vous allez voir qu'ils se tireront d'affaire.

Et il les fouetta de sa cravache l'un après l'autre, et les intellgents animaux s'élancèrent au trot par où ils étaient venus et reprirent la route du château.

Les chevaux partis, il n'y avait plus d'alternative possible, Blümmen se résigna, elle descendit d'un pied timide dans le canot, soutenue par le bras robuste du baron, et alla s'asseoir à l'avant au pied du mât.

Mais le canot était si petit, qu'il vacillait et tournait à la moindre rupture d'équilibre, et Blümmen, en se plaçant, le fit pencher et poussa un cri.

— Non, non, dit-elle, non, je ne veux pas... j'ai peur... monsieur, laissez-moi descendre...

— Il n'est plus temps, répondit froidement le baron : nous n'avons plus de chevaux.

Et il coupa l'amarre avec son couteau de chasse.

En ce moment, un éclair passa, sur son visage, et il sembla à Blümmen que ce visage avait perdu son expression de mélancolique tristesse pour faire place à une joie sarcastique, à un regard étincelant.

Et lorsque, poussant du pied le canot au large et demeurant debout à l'arrière il eut tout à coup lâché la toile de la misaine que le vent gonfla aussitôt, malgré la demi-obscurité qui régnait sur le lac, Blümmen le trouva tellement changé, tellement métamorphosé, elle crut lire sur ses lèvres un sourire si cruel, dans ses yeux étincelants une détermination si fatale, qu'un vague souvenir traversa sa pensée de nouveau et qu'elle se dit tout à coup :

— Oh! je ne me trompais pas, j'ai déjà vu cet homme-là! Mon Dieu! je suis perdue.

En ce moment, le baron ferma négligemment l'écoute à demeure, laissa la barre diriger l'embarcation à son gré, et, regardant Blümmen, il lui dit :

— Vous avez donc bien peur, Blümmen?

— Blümmen! fit-elle stupéfaite. D'où savez-vous mon nom?

— Bah! dit-il, changeant de ton soudain, il y a si longtemps que je te connais, ma chère cousine!

— Votre cousine ! murmura-t-elle folle de terreur.

Le vent s'engouffrait dans la voile, et la barque filait avec une effrayante vitesse.

— En même temps le tonnerre éclatait au-dessus de la tête des passagers, et à la lueur d'un nouvel éclair, car la nuit arrivait rapidement, tandis que le flot soulevé portait l'embarcation à sa crête et la rejetait ensuite dans un abîme nouveau pour la reprendre et l'élever encore, à la lueur de ce nouvel éclair, Blümmen put voir de nouveau le visage du baron ; elle fixa sur lui son œil ardent et affolé et s'écria :

— Conradin !

— Ah ! ricana-t-il, tu me reconnais donc enfin, et il paraît que je me ressemble aujourd'hui. A nous deux donc, madame de Morangis !

— Et il prit la barre et poussa le canot au large, en plein lac, en ricanant :

— Cette fois, nous ne traversons pas le Danube, nous n'allons pas en Turquie ; mais, cette fois aussi, Michaël et ce freluquet de chevalier ne courent point sur nos traces, et il n'y a d'autre canot sur ce lac que celui dont je tiens le gouvernail.

FIN DU TROISIÈME VOLUME.

Fontainebleau. — Imp. de E. Jacquin.

En vente

LA BELLE GABRIELLE
par AUGUSTE MAQUET, collaborateur d'ALEXANDRE DUMAS, auteur du COMTE DE LAVERNIE, etc., etc.

LES CATACOMBES DE PARIS
par ÉLIE BERTHET.

LE CHATEAU DE LA RENARDIÈRE
par MARIE AYCARD.

LE DÉPUTÉ D'ARCIS
par H. DE BALZAC.

LA DERNIÈRE FAVORITE
par madame la comtesse DASH.

ROBERT LE RESSUSCITÉ
par MOLÉ-GENTILHOMME, auteur de ROQUEVERT L'ARQUEBUSIER, etc., etc.

LES TONNES D'OR
par le Vicomte PONSON DU TERRAIL, auteur de la TOUR DES GERFAUTS, etc., etc.

Paris. — Imprimerie de G. GRATIOT, rue Mazarine, 30.

www.ingramcontent.com/pod-product-compliance
Lightning Source LLC
Chambersburg PA
CBHW060647170426
43199CB00012B/1695